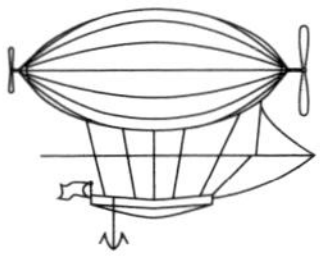

JANUAR 2022

2610 m ü. M.

Irma Clavadetscher
Ein Leben auf der Coaz-Hütte

Irene Wirthlin

HIER UND JETZT

7 Kinderjahre

26 Jugend

32 Freiheit in der rauen Bergwelt

58 Die grosse Liebe

86 Leben auf der Coaz-Hütte

116 Die neue Hütte

147 Helikopter, die «fliegenden Maultiere»

156 Vom Bergneuling zum Hüttenprofi

167 Irma und Christian

196 Familienleben zwischen Berg und Tal

220 Abschiede

224 Nachwort

Kinderjahre

«Noch heute stört es mich, wenn Schuhe nicht ordentlich weggeräumt werden, die Schuhbändel nicht in den Schuhen versteckt sind.»

Hedi, Franz und Irma

Es ist Freitag, der 29. März 1940. In Schmerikon, einem Dorf am oberen Zürichsee, bricht ein grauer, für die Jahreszeit aussergewöhnlich kalter Tag an, als im Haus zur Krone an der Hauptstrasse 21, in der Wohnung im ersten Stockwerk, Irma Adelina Müller geboren wird. Es ist eine komplikationslose Geburt, Mutter und Kind sind wohlauf.

Die vierjährige Hedi und der dreijährige Franz, die beiden älteren Kinder der Familie Müller, werden gleich nach dem Aufwachen von der Haushaltshilfe Marie ins Schlafzimmer der Eltern geführt, wo zu ihrer grossen Überraschung in einer Ecke eine Wiege steht, mit einem winzigen, fest schlafenden Kind darin. «Das ist euer Schwesterchen Irma», erklärt man ihnen. Die beiden haben zwar keine Ahnung, warum und woher dieses Schwesterchen so plötzlich gekommen ist, aber das beschäftigt sie im Augenblick auch nicht besonders. Viel interessanter ist, dass die Mutter um diese Zeit noch im Bett liegt, das ist ganz unerhört und in ihrem Leben noch nie vorgekommen. Es ist Marie, die heute das Frühstück zubereitet, und in den beiden Schleckmäulchen keimt die Hoffnung auf, dass sie ihr vielleicht eine doppelte Portion Erdbeerkonfitüre aufs Brot abschmeicheln können. Das Aufregendste aber ist, dass offenbar am Abend der Vater vom Militärdienst zurückerwartet wird, obwohl er doch eigentlich erst in einer Woche wieder Urlaub haben sollte. Der wird staunen, dass es hier nun plötzlich dieses kleine Schwesterchen gibt, und sie können es kaum erwarten, ihm die Neuigkeit zu erzählen.

Auch in Schmerikon spürt man in diesem Frühling, ein halbes Jahr nach dem Ausbruch des Zweiten Weltkriegs, die Auswirkungen der Generalmobilmachung. Wie der Vater der neugeborenen Irma Adelina stehen viele Männer im Aktivdienst an der Grenze. In den gewerblichen wie auch den landwirtschaftlichen Betrieben muss man zusehen, wie man ohne die Männer zurechtkommt; die Frauen tun ihr Bestes, um die Lücken auszufüllen. In den Hausgärten des schmucken Dorfs werden im Sommer weniger Blumen blühen als sonst, denn jetzt wird fast ausschliesslich Gemüse angepflanzt, und wo immer möglich werden Kartoffeläcker angelegt. Niemand weiss, wie lange noch Lebensmittel aus dem Ausland in die Schweiz eingeführt werden können.

Irma ist etwas mehr als zwei Monate alt, als die Mutter im Frühsommer mit den Kindern die Felsenburg, den elterlichen Bauernbetrieb am Dorfrand von Schmerikon, besucht, um das kleine Mädchen seinen Grosseltern vorzustellen. Auch Irmas Patentante ist aus Winterthur angereist. Alle freuen sich über den Familienzuwachs. Gleichzeitig haben die Erwachsenen jedoch einiges zu besprechen, das sie beunruhigt. Der Grossvater berichtet, dass im Buechberg der Bau der Festung Grynau begonnen hat, die in den nächsten zwei Jahren fertiggestellt werden soll. Er erklärt, dass es eine der wichtigsten Staustellen für die vorgesehene militärische Überflutung der Linthebene sein wird, falls feindliche Truppen von Norden eindringen sollten. Hinter vorgehaltener Hand spricht man im Dorf darüber, welche Familien sich bereits nach Unterkunftsmöglichkeiten in der Innerschweiz umgesehen haben, für den Fall einer Evakuierung. Wie soll man dieses Verhalten einstufen, als überängstlich oder als weise vorausschauend? Die Grossmutter erzählt vom Erste-Hilfe-Kurs für Notfälle, den sie im neu gegründeten Samariterverein besucht hat.

Die Themen, die dort behandelt wurden, geben ebenfalls Anlass zur Besorgnis: Organisation einer Evakuierung – Schussverletzungen – Handhabung von Gewehr und Gasmaske.

Irmas Geschwister hingegen erleben einen unbeschwerten, wunderschönen Tag. Nichts tun Hedi und Franz lieber, als die Grosseltern zu besuchen und mit den Nachbarskindern im Stall, im Hühnerhof und im Obstgarten herumzustreifen. Hedi ist diesmal allerdings etwas enttäuscht, weil ihre Freundin Barbara, von allen liebevoll Bärbeli genannt, gar nicht so richtig spielen mag. Sie hat Bauchschmerzen und wohl auch Fieber.

Nun, ein paar Tage später stellt sich heraus, dass bei Bärbeli Verdacht auf eine Polioerkrankung besteht. Ab sofort stehen nicht nur die Bewohner der Felsenburg und des Nachbarhofs für drei Wochen unter strenger Quarantäne, sondern auch die ganze Familie Müller. Niemand darf das Haus verlassen. Hedi und der kleine Franz finden das zunächst interessant. Immer wieder schauen sie aus dem Fenster zu dem Soldaten hinunter, der den ganzen Tag auf einem Holzhocker vor ihrer Haustüre sitzt und aufpasst, dass niemand hinein- oder hinausgeht. Ob er wohl auch nachts dort sitzt? Oder darf er nach Hause gehen, um zu schlafen? Das interessiert die beiden brennend, aber die Mutter erlaubt ihnen nicht, nachts aufzustehen, um nachzusehen. Jeden Vormittag jedoch reichen ihm die Mutter oder Marie einen Zettel und eine grosse Tasche durch den Türspalt, und er verschwindet für kurze Zeit, um im Dorfladen Brot, Milch, Eier oder Kartoffeln und Gemüse für die Familie einzukaufen. Und später am Tag geht die Türe noch einmal auf, diesmal etwas weiter, und der Soldat nimmt einen Korb mit frisch gewaschenen Windeln entgegen, die er dann im Hinterhof an die Wäscheleine hängt. Hedi lacht laut, als sie ihm aus dem Fenster im ersten Stockwerk zuschaut, denn die Windeln hängen schlaff und traurig, nicht schön straff und regelmässig, jeweils zwei mit einer Wäscheklammer zusammengehalten, so wie das die Mama oder Marie machen. Ob der Vater, der ja jetzt auch Soldat ist, das besser könnte?, fragt sie sich. Jedenfalls hat sie den Vater noch nie Wäsche aufhängen sehen.

Inzwischen ist ihr der Soldat in seiner grünen Uniform nicht mehr so unheimlich wie am Anfang, weil er öfters zum Fenster hochschaut, lacht und ihr zuwinkt, wenn er sie dort stehen sieht. Aber vor den anderen Soldaten, die manchmal in einer langen Kolonne im Gleichschritt am Haus vorbeimarschieren, fürchtet sie sich schon ein wenig; vor allem nachts, wenn es ganz still ist und sie nicht schlafen kann und dann plötzlich die genagelten Stiefel in regelmässigem Rhythmus auf dem Pflaster aufschlagen. Manchmal hört sie auch ein lautes Rattern und Rumpeln; dann sagt die Mutter am Morgen jeweils zu Marie: «Heute Nacht haben sie wieder Panzer verschoben.» Hedi hat keine Ahnung, was Panzer sind und warum man sie auf der Strasse herumschieben muss. Vielleicht so etwas wie grosse Möbel in der Stube? Aber sie hat am Morgen noch nie ein Bett oder einen Schrank auf der Strasse gesehen.

Wenn sie und Franz nur endlich wieder einmal draussen spielen dürften. Langsam wird ihnen langweilig im Haus, denn das neue Schwesterchen ist eine Enttäuschung, man kann gar nichts mit ihm anfangen; wenn es nicht schläft, schreit es, und Hedi versteht nicht, warum die Mutter dann immer gleich nach ihm schaut. Nie sagt sie zu ihm: «Du musst jetzt warten; ich habe in der Küche zu tun, in einer Stunde gibt es Mittagessen», was sie zu ihr oder Franz oft sagt. Es gefällt Hedi nicht, dass die Mutter so wenig Zeit hat, und sie hat manchmal Heimweh nach dem Vater. Als er einmal vom Militärdienst nach Hause kommt, darf er das Haus nicht betreten und muss bei der Grossmutter im Dorf übernachten. Er steht draussen auf der Strasse, ruft und winkt den Kindern zu.

Die Spenglerei Müller 1940–1945

Trotz der Unruhe und den Ängsten, die in der Luft liegen, verlaufen Irmas erstes Lebensjahr und auch die folgenden Jahre in ruhigen Bahnen. Die langen Abwesenheiten des Vaters und sein sporadisches Auftauchen sind für die Kinder zur Normalität geworden, nur Hedi, das älteste der Kinder, macht sich manchmal ihre Gedanken; zum Beispiel über den riesigen Rucksack, der immer voll bepackt im Hausflur steht und den man unter Androhung von Strafe weder berühren noch wegschubsen darf. «Er muss bereit sein, für den Fall, dass ...», erklärt die Mutter. «Für welchen Fall? Was ist ein Fall?», fragt Hedi. – «Ach, was du immer alles wissen willst! Und jetzt muss ich zusehen, dass die Suppe auf den Herd kommt.» Und Hedi fragt sich, ob vielleicht der Rucksack nützlich sein könnte, wenn jemand hinfallen würde.

Die Mutter ist auch immer kurz angebunden, wenn es darum geht, abends die dicken, neuen Vorhänge zuzuziehen. Nicht der kleinste Lichtspalt dürfe nach draussen dringen, sagt sie immer wieder. Überhaupt gibt es Dinge, bei denen die Mutter jetzt so unerbittlich streng ist wie sonst nur der Vater. Vor dem Mittagessen schaltet sie immer das Radio ein, und wenn dann die Stimme im Radio sagt: «Beim dritten Ton ist es genau zwölf Uhr dreissig», und es dreimal so merkwürdig pfeift, macht sie das Radio noch lauter, und man muss augenblicklich mucksmäuschenstill sein. Und dann redet ein Mann ganz lange, und man darf immer noch nichts sagen, obwohl der Vater doch gar nicht mit am Tisch sitzt.

Aber bald gehören der Rucksack, die zugezogenen Vorhänge nachts und das absolute Sprechverbot während der Mittagsnachrichten von Radio Beromünster zum Alltag und werden mit kindlicher Unbeschwertheit akzeptiert. Viel aufregender ist, dass die Familie nun bald umziehen wird; in ein neu gebautes, grosses Haus einige Hundert Meter dorfauswärts, an der Hauptstrasse 77. Das Gebäude ist schon fast fertig, auch die daran angebaute Werkstatt. Die Mutter hat es den Kindern einmal gezeigt, als ein Maler gerade die letzten Buchstaben des schwarzen Schriftzugs SPENGLEREI MÜLLER an die Aussenwand der Werkstatt pinselte. Noch in diesem Jahr werden sie dort einziehen.

«In solchen Zeiten baut man doch kein Haus. Wer weiss, was in den nächsten Monaten hier geschieht. Wenn du mich fragst, der ist verrückt», hört man in Schmerikon. Tatsächlich sind überall Angst und Beunruhigung zu spüren, als sich die Schweiz im Juni, nach Frankreichs Zusammenbruch und Italiens Eintritt in den Krieg, von zwei totalitären Nachbarstaaten umgeben sieht. Viele Schweizerinnen und Schweizer fürchten eine Vereinnahmung durch nationalsozialistisches Gedankengut oder gar einen Angriff auf die Schweiz. Die einen befürworten den unbedingten Widerstand, um die Unabhängigkeit der Schweiz zu wahren, die anderen glauben, Deutschlands Wünsche möglichst zu erfüllen, werde am ehesten das Überleben der Schweiz sichern. «Anpassung oder Widerstand?» lautet die Frage, die jede Schweizerin, jeden Schweizer beschäftigt.

Aber der 32-jährige Franz Müller lässt sich weder von den einen noch von den anderen abhalten und baut im ersten Kriegsjahr ein Haus und eine Werkstatt, obwohl auch er, wie die meisten Soldaten, einen guten Teil des Jahres Aktivdienst leistet. Vor sieben Jahren eröffnete er mit bescheidensten Mitteln seine eigene Spenglerwerkstatt im Dorf und fuhr mit dem Fahrrad oder dem Handwagen zu seinen Kunden, wie die anderen Handwerker auch. Jetzt ist für ihn der Zeitpunkt gekommen, er möchte sich vergrössern, Kriegsängste hin oder her. Er hat Pläne, ist ehrgeizig, will sich im Dorf einen Namen machen. Vor allem will er für seine wachsende Familie gut sorgen. Seine Frau soll sich nicht abrackern müssen wie einst seine Mutter, die früh Witwe wurde und ihre drei Söhne kaum durchbrachte; und seinen Kindern soll niemals der Geruch der Armut anhaften, unter dem er selbst so gelitten hat. Sie sollen im stolzen Bewusstsein aufwachsen, dass ihr Vater jemand ist, der respektiert wird und auf den man im Dorf hört. Schon bald beschäftigt er in seiner neuen Werkstatt drei Arbeiter und einen Lehrling, und mitten im Krieg, 1943, wird sein zweiter Sohn, Jakob, geboren.

Franz Müller hat Glück, die Schweiz hat Glück: Sie bleibt verschont. Am 8. Mai 1945 kapitulieren die deutschen Streitkräfte bedingungslos, und es ist endlich Frieden in Europa. Abends um acht Uhr läuten im ganzen Land eine Viertelstunde lang die Kirchenglocken, und es finden spontane Dankgottesdienste statt. Die Angst fällt von den Menschen ab, die Freude explodiert förmlich; überall wird gesungen, getanzt und gefeiert.

Franz und Sophie Müller-Kuster: die Eltern

Mit dem Kriegsende kehrt in Schmerikon langsam wieder die Normalität ein, und in dem idyllisch gelegenen Dorf, mit seinen schilfbestandenen Seeufern, die den Blick nach Süden auf den gegenüberliegenden, bewaldeten Buchberg und nach Osten auf den Speer und den markanten Gipfel des Mürtschenstocks freigeben, nehmen Männer und Frauen wieder ihre traditionellen Rollen und ihre ursprüngliche Arbeit auf. Einige Zeit noch muss man zwar mit Lebensmittelmarken auskommen, aber bald nimmt das Alltagsleben seinen gewohnten Lauf. Am Sonntag pilgert man zum Gottesdient in die katholische Kirche St. Jodokus, die leicht erhöht über dem Dorf thront. Unten am See legt ab und zu ein Dampfschiff, von Rapperswil herkommend, am Steg an, und wenn man sich beim Einkaufen in der Hauptstrasse trifft, sind die Gesichter wieder entspannter und die Gesprächsthemen banaler.

1948, mit der Geburt einer dritten Tochter, Ursula, ist die Familie Müller komplett. Wiederum ist es, wie auch bei Irma und Jakob, eine Hausgeburt. Eines Abends fasst sich die Mutter während des Abendessens mit schmerzverzerrtem Gesicht an die Seite, und die vier älteren Kinder werden zu ihrer Verwunderung noch bei Tageslicht ins Bett geschickt, um am anderen Morgen mit der Nachricht überrascht zu werden, sie hätten ein Schwesterchen bekommen. Nicht einmal die zwölfjährige Hedi hatte eine Erklärung gewusst, als Franz wenige Wochen zuvor festgestellt hatte, die Mama werde immer dicker, und auch Irma sich fragte, was wohl mit der Mutter nicht stimme. Und nun ist ein kleines Schwesterchen da, und die Mama wird bald wieder weniger dick sein, aber darüber wird in der Familie – wie wohl zu dieser Zeit in vielen anderen Familien auch – nicht gesprochen. Diese Dinge bleiben geheim. Und geheimnisvoll. Damit müssen sich die Geschwister abfinden, dazu Fragen zu stellen, das spüren sie genau, das geht auf keinen Fall.

Franz Müllers Geschäft blüht. Man kennt und schätzt ihn. Sein Hang zum Perfektionismus garantiert den Kunden eine sorgfältige, einwandfreie Arbeit. Die Spenglerei Müller geniesst in Schmerikon und in der Umgebung einen guten Ruf, sie ist geradezu zu einem Begriff geworden, sodass die Kinder bei einem Besuch von Frau Müller in Irmas Kindergartenklasse spontan schreien: «Grüezi, Frau Spengler!» Längst fährt Franz Müller nicht mehr mit dem Fahrrad zu den Baustellen, auch das Motorrad ist mit den Jahren durch einen glänzenden, schwarzen Mercedes ersetzt worden. Franz Müller ist angekommen. Er besetzt verschiedene Ämter im Dorf und erlangt schliesslich einen Sitz im Kantonsrat. Aufgewachsen als arme Halbwaise, gehört er nun zu jenen im Dorf, die das Sagen haben. Das verpflichtet natürlich und prägt das Familienleben, denn auch zu Hause erwartet und verlangt der Vater Ordnung, Disziplin und Wohlverhalten. Die Familie soll ihrer Stellung im Dorf gerecht werden.

Franz Müller und Sophie Kuster gingen zusammen in Schmerikon zur Schule. In ihr fand Franz später die ideale Ehepartnerin. Sophie wuchs als Zweitälteste von zehn Geschwistern auf einem Bauernhof, der Felsenburg, auf und lernte von Kindsbeinen an, hart zu arbeiten. Neben dem Bauernhof führten ihre Eltern eine Gastwirtschaft. Sophie half bei den Arbeiten auf dem Hof, betreute die jüngeren Geschwister und bediente in der Gastwirtschaft. Die Frage, welchen Beruf sie erlernen möchte, stellte sich nie. Als sie die Schule beendet hatte, begann sie ganz selbstverständlich, in verschiedenen Gastbetrieben am Obersee zu servieren, um für die Familie Geld zu verdienen.

Nach ihrer Heirat stellt sich heraus, dass sie für ihre Aufgabe als Ehefrau eines Handwerkers mit eigenem Betrieb und als Mutter von fünf Kindern bestens «ausgebildet» ist, denn sie hat Tag für Tag ein gewaltiges Arbeitspensum zu bewältigen: Sie wäscht – in den ersten Jahren gibt es noch keine Waschmaschine –, putzt und kocht drei warme Mahlzeiten am Tag. Zum Frühstück will der Vater zusätzlich zu Brot, Butter und Konfitüre Rösti oder Polenta, und das Mittagessen muss jeden Tag mit einer Suppe beginnen; hausgemacht, versteht sich, und es hat Punkt zwölf Uhr auf dem Tisch zu stehen. Daneben schreibt sie die Rechnungen und macht die Buchhaltung für das Geschäft. Ab und zu kommt Marie vorbei, um beim Bügeln oder Wäscheausbessern zu helfen. Und da sind ja auch noch die Kinder ... Aber Sophie schafft das alles, und sie schafft es sogar, mit ihrer schönen Stimme eines der vielen Lieder, die sie kennt, zu singen, wenn sie nach dem Essen den Berg von Pfannen, Geschirr und Besteck abwäscht. Geschirr abtrocknen ist deshalb bei den Müller-Kindern weniger unbeliebt als anderswo.

Eine «Aufgabe», um die sie andere Frauen im Dorf beneiden mögen, fällt ihr fast schwerer als das Arbeiten: Ihr Mann erwartet von ihr, dass sie sich seiner Stellung im Dorf entsprechend kleidet – dezent, gediegen und elegant. Sie soll «etwas darstellen». Sie fühlt sich mit dieser Aufgabe gar nicht wohl, denn ihrem Wesen nach ist sie die einfache, bescheidene Bauerntochter geblieben. So wird sie jeweils von ihrem Mann begleitet, wenn sie nach Rapperswil fährt, um ihre Garderobe einzukaufen. Er will sicherstellen, dass alles, was sie kauft, von bester Qualität ist. Nach und nach kauft er ihr auch schönen Goldschmuck. Sie trägt beides, die Kleider und den Schmuck, zögerlich und immer etwas unsicher.

Ein Sonntag, vielleicht im Sommer 1952

Es ist halb neun Uhr an einem warmen, sonnigen Sonntagvormittag im Frühsommer. Im Hause Müller herrscht, wie jeden Sonntag um diese Zeit, eine gewisse Hektik. Der Vater ist nirgends zu sehen, aber alle wissen, dass er die ganze Familie um Punkt 8.45 Uhr vor der Haustür erwartet, sonntäglich gekleidet zum Besuch des Gottesdienstes in St. Jodokus. Die Mutter ist bereits in ihrem Sonntagsstaat: hellbeiges Deuxpièces mit passender Seidenbluse, einen hellbeigen, modischen Hut auf dem Kopf, braune Schuhe mit halbhohen Absätzen, eine cognacfarbene Ledertasche, gleichfarbige Lederhandschuhe, eine

Perlenkette. Sie hält die kleine Uschi an der Hand, die ebenfalls ein Sonntagskleidchen trägt, und ermahnt Franz und Jakob, vorwärtszumachen. Franz findet seine Schuhe nicht, und das breite Grinsen auf dem Gesicht seines jüngeren Bruders zeigt ihm, dass der wohl etwas mit dem Verschwinden der Schuhe zu tun hat. «Warte», droht er ihm, «jetzt kriegst du's!» Aber die Mutter steht schon dazwischen und schaut ihn bittend an. «Zieh halt die Werktagsschuhe an, sie sind ja frisch geputzt.» Inzwischen sind auch Hedi und Irma die Treppe heruntergekommen, Hedi in einem dunkelblauen Blazer, Irma in einem roten. Beide tragen ein weisses Béret und weisse Handschuhe. Hedi lächelt die Mutter an und anerbietet sich, die kleine Schwester zu tragen. Die will aber gerade jetzt nicht von Hedi, sondern von Mama getragen werden. «Nein, nein, nein», protestiert sie laut und klammert sich an Mamas Rock fest, die seufzend sagt: «Also, dann kommst du halt mit mir.» Irmas Gesicht, ohnehin schon düster, verfinstert sich noch mehr: «Die bekommt doch immer ihren Willen!», zischt sie Hedi zu, und die beiden Mädchen nehmen ihre Kirchengesangsbücher und verlassen das Haus. «Wie affig wir aussehen! Ich hasse diese blöden Handschuhe!», schimpft Irma wütend, verstummt aber sofort, als sie den Vater neben der Haustüre warten sieht.

Die Bibellesungen, die Predigt, die Gebete, die Eucharistiefeier, der Gemeindegesang: Für die Kinder will es kein Ende nehmen. Endlich braust die Orgel das Ausgangslied, und die Kirchentüre geht auf. Aber jetzt gehen das Bravsein und das Warten gleich weiter, denn der Vater wird von diesem begrüsst, von jenem etwas gefragt, und ein Dritter will ihm unbedingt noch etwas erzählen. Welche Erleichterung, als er der Mutter ein Zeichen gibt, sie solle doch mit den Kindern bereits nach Hause gehen. Kaum dort angekommen, reisst sich Irma die Sonntagskleider vom Leib; sie hasst das «Glump»!

Während des Essens – am Sonntag verlangt die Tradition einen Braten mit Sauce und Kartoffelstock – heisst es noch einmal: brav sein und warten. Die Kinder lieben zwar alle das «Saucenseeli», das die Mutter mit der Kelle in den Kartoffelstock drückt, aber irgendwann hält Jakob das Stillsitzen nicht mehr länger aus. «Dürfen wir heute nach der Christenlehre im See baden gehen, Mama?» – «Da musst du den Vater fragen.» – «Vater, dürfen wir heute Nachmittag im See baden gehen? Bitte!» – «Nein, heute nicht.» – «Aber warum nicht? Es ist so schön warm. Ach, bitte!» – «Ja, bitte, Vater!» – «Weil ich es sage.» Eine halbe Stunde später, während des Abwaschs in der Küche: «Mama, dürfen wir nicht doch baden gehen?» – «Ihr habt gehört, was der Vater gesagt hat.» – «Aber es ist so heiss und so langweilig hier, bitte, bitte!» – «Nun gut; ihr könnt es vielleicht noch einmal versuchen. Der Vater ist beim Nachmittagsjass im ‹Ochsen›. Einer von euch kann hingehen und ihn nochmals fragen.»

Möglich, dass der Vater dann gut gelaunt sagt: «Gut, aber pünktlich um halb sechs seid ihr alle wieder zu Hause!» Oder vielleicht sagt er auch: «In einer halben Stunde bin ich zu Hause. Macht euch bereit. Wir machen einen Ausflug.» Und dann steigt die ganze Familie in den schwarzen Mercedes, und der Vater steuert Richtung Uznach, Rickenpass dem Appenzellerland zu. Irgendwann wird haltgemacht für eine kurze Wanderung und Einkehr in einem Restaurant. Und die Kinder, denen, eingepfercht auf dem Rücksitz, meist übel wird, träumen vom Baden im See.

Einen dieser Ausflüge wird Irma nie vergessen. Man besucht einen entfernten Verwandten des Vaters, den die Kinder nicht kennen, in der psychiatrischen Klinik im sankt-gallischen Wil. Die Kinder werden nicht informiert über die Art des Besuchs und erwarten eine Einladung zu Kaffee und Kuchen oder etwas Ähnliches. Als der Vater vor einem grossen Gebäude hält, erschrecken sie zuerst über die vergitterten Fenster und später über die Gesichter der Menschen, die sie in den langen Gängen antreffen. Am allermeisten aber ängstigen sie die unartikulierten Laute, die Schreie und das Jammern, das aus einigen der Zimmer zu hören ist. Irma läuft entsetzt davon, zurück zum Auto, und versteckt sich in einem nahen Gebüsch. So etwas Schlimmes hat sie noch nie gesehen oder gehört. Sie ist zutiefst schockiert. Niemals will sie so eingesperrt sein! Niemals überhaupt in irgendeiner Weise eingesperrt sein! Das schwört sie sich.

Die grosse, weite Welt

Im Juni 1948 hob auf der ersten Piste des neuen Flughafens Zürich Kloten erstmals eine DC-4 nach London ab, und wenige Monate danach wurde die 2,6 Kilometer lange Blindlandepiste feierlich eingeweiht, im Beisein geladener Gäste aus Politik und Medien. Weitere fünf Jahre später bestand der Flughafen bereits aus einem zentralen Passagiertrakt, flankiert von einem Restaurant und Bürotrakt, und einer grossen Zuschauerterrasse. Die Flugzeuge vor den Hangars zu bestaunen, die Start- und Landemanöver zu beobachten, war bald eine grosse Attraktion für die Bevölkerung von Zürich und Umgebung. Für viele Familien war der Sonntagsausflug zum Flughafen ein Höhepunkt des Jahres, und an schönen Sommersonntagen war die Zuschauerterrasse oft überfüllt, und manch einer träumte davon, in einem der startenden Flugzeuge zu sitzen und an einen exotischen Ort dieser Welt zu fliegen. Aber das war damals ein Privileg für wenige Auserwählte und Reiche. Die Männer und Knaben bestaunten die Maschinen und versuchten, sich gegenseitig mit fachmännischen Kommentaren zu überbieten, die Mädchen und jungen Frauen bewunderten die gross gewachsenen, schlanken Frauen in den eleganten, graublauen Uniformen, mit ihren gepflegten Frisuren und den kecken Hütchen. Jedes Härchen sass exakt da, wo es sollte, und die Lippen waren allesamt perfekt und leuchtend rot geschminkt. «Stewardessen» nannte man sie, und sie verkörperten für viele junge Mädchen einen Traum: den Traum von Eleganz, Schönheit, Exklusivität, von Weltoffenheit und Abenteuer. Ein Beruf, der gar nichts mit Arbeit zu tun zu haben schien, sondern eher eine Startposition darstellte, um bald von einem attraktiven, wohlhabenden und weit gereisten Mann entdeckt und geheiratet zu werden.

So will auch Papa Müller in den frühen 1950er-Jahren seinen Lieben an einem Frühlingssonntag etwas Besonderes bieten und fährt mit ihnen nach Zürich, zum Flughafen Kloten. Die ganze Familie ist ohne Ausnahme fasziniert von den grossen, modernen Flugzeugen und vom «Hauch der grossen, weiten Welt», der sie im Flughafen umweht. Irma staunt über die Piloten mit den Goldstreifen an ihren blauen Mützen und Uniformen – schon bald erfährt sie, dass dieses ganz besondere Blau «Swissairblau» heisst – und über die Stewardessen in ihren hochhackigen Schuhen und schicken Uniformen, die mit den Umhängetaschen und eleganten Köfferchen durch die Halle eilen und dann durch Türen entschwinden, die für das gewöhnliche Publikum verboten sind. Und sie bemerkt sofort, dass auch die Passagiere, vor allem die Damen, ausserordentlich elegant gekleidet sind, die meisten in sogenannten Reisekostümen und feinen Baumwoll- oder Seidenblusen. Sie führen assortierte Gepäckstücke mit sich, alles in weinrotem, dunkelblauem oder sogar elfenbeinfarbenem Leder. Einige halten ihre Pässe in den wildlederbehandschuhten Händen, und sie kann sehen, dass es zum Teil ausländische Pässe sind. Ab und zu, wenn eine dieser Damen an ihr vorübergeht, steigt ihr ein wunderbarer Duft in die Nase. Niemand scheint im Geringsten aufgeregt; diese Menschen sind es offenbar gewohnt, sich hier zu bewegen.

Auf der Heimfahrt nach Schmerikon unterhalten sich die Brüder aufgeregt über die verschiedenen Flugzeugtypen, und die Mutter und Hedi finden, ihnen wäre schon etwas unheimlich, hoch über dem Boden in einer solchen Blechbüchse zu sitzen. Nur Irma ist still, sagt kein Wort und lässt vor ihrem inneren Auge immer wieder die eleganten Stewardessen und die vornehmen Damen in ihren Reisekostümen vorbeiziehen und stellt sich die ebenso vornehmen Häuser vor, in denen diese Damen gewiss wohnen – und dann all die fremden Städte, in die sie fliegen werden: London, Paris, New York! Sie ist begeistert, aufgeregt und verwirrt zugleich, und sie weiss gar nicht so recht, was sie von all dem halten soll.

Was Vater sagt, gilt

Zurück im Alltag sind Vaters Ansprüche an die Familie hoch. Im Haus muss Ordnung und Pünktlichkeit herrschen, und alle Arbeiten müssen sorgfältig ausgeführt werden. So müssen die Schuhe zum Beispiel immer sauber geputzt und ordentlich weggeräumt werden, wobei «ordentlich» heisst: Die Schuhbändel dürfen nicht herunterhängen, sie müssen im Schuh versteckt werden. Nicht umsonst ist der Vater Wachtmeister im Militär. Den Mercedes putzt er eigenhändig blitzblank, jeden Samstag, niemand darf ihm dabei helfen, niemand macht das gut genug. Nicht einmal Hedi, die liebend gerne einmal den schwarzen Lack polieren würde. Sie darf auch der Mutter beim Kochen nicht helfen; es könnte etwas danebengehen, und der Vater hat auch beim Essen hohe Ansprüche. Am meisten Gewicht jedoch legt er auf den sonntäglichen Kirchgang und die religiöse sowie die schulische Erziehung.

Alle Kinder besuchen die Sekundarschule in einer katholischen Schule, die Buben sogar im Internat. Hedi ist die Erste, die nicht mehr im Dorf zur Schule geht, sondern jeden Tag mit dem Fahrrad acht Kilometer nach Bollingen fährt, wo sie die Sekundarschule in der Zisterzienserinnen-Abtei Mariazell-Wurmsbach besucht. Ein Jahr später kommt Franz ins Internat des Klosters Disentis, und drei Jahre später, als Hedi bereits ihre Lehre beginnt, radelt auch Irma nach Wurmsbach. Nach weiteren drei Jahren tritt Jakob ins neu gegründete Katholische Knabeninstitut in Vättis ein, und wiederum fünf Jahre später fährt auch Ursula jeden Tag nach Wurmsbach. Dies bedeutet, dass nach Hedis Eintritt in die Sekundarschule nie wieder alle Geschwister zusammen zu Hause leben. Mindestens eines der Kinder besucht jeweils auswärts die Schule oder die Lehre.

Die strenge und oft unnachgiebige Haltung des Vaters wird durch die liebevolle, sanfte und nachsichtige Art der Mutter gemildert. Nur hat eben nicht sie das Sagen, sondern ausschliesslich der Vater. Jedes der fünf Kinder reagiert anders auf diese Situation.

Hedi, die Älteste, ist ruhig und zurückgezogen, gehorsam und willig. Sie erfüllt die Erwartungen des Vaters, beginnt aber früh davon zu träumen, wegzugehen und ein eigenes Leben nach ihren Vorstellungen zu führen. Franz, der älteste Sohn, scheint schon als kleiner Junge wegzustreben von Schmerikon. Die Mutter muss ein besonderes Auge auf ihn haben. Er liebt Züge und Zugfahren über alles und wird mehr als einmal vom Bahnhofsvorstand zurückgehalten, als er, mit einem Schirm bewaffnet, einen Zug besteigen will.

Irma erfüllt – nicht ganz so perfekt wie ihre ältere Schwester, aber doch einigermassen – die Erwartungen, die in der Familie an ein Mädchen gestellt werden. In ihrem Inneren jedoch beginnt eine kleine Rebellin zu wachsen, die sich an den vielen Einschränkungen und Vorschriften reibt und andere Vorstellungen entwickelt, als sie der Vater für seine Töchter hat. Jakob widersetzt sich allen Vorschriften von klein auf am unbekümmertsten. Er strapaziert immer wieder Nerven und Geduld der Mutter aufs Äusserste. Die sonntäglichen Wanderungen im Toggenburg oder in den Appenzeller Bergen gefallen ihm gar nicht, und einmal kann überhaupt nicht gewandert werden, weil der kleine Knirps unbemerkt während der Fahrt seine Schuhe aus dem Autofenster geworfen hat. Als er dann die Schule besucht, muss am Morgen immer mal wieder sein Schulranzen gesucht werden, weil er ihn am Abend zuvor irgendwo am See liegen gelassen hat, und wenn im Dorf ein Spitzbubenstreich verübt wird, ist allen klar: «Das war Spenglers Köbeli.» Als es darum geht, nach den sechs Jahren Primarschule die richtige Schule für Jakob zu finden, ist der Vater überzeugt: Jakob braucht eine besonders strenge Schule.

Für Ursula, das allseits verwöhnte Nesthäkchen, gelten besondere Regeln. Da Hedi, die älteste Schwester, schon bald nach Ursulas Geburt auswärts zur Schule geht, wird sie in ihren ersten Lebensjahren oft von Irma betreut. Es ist eine traumatische Erfahrung für die ganze Familie, aber vor allem für Irma, als Ursula im Kindergartenalter vor ihren Augen direkt vor dem Elternhaus auf die Strasse springt und von einem Auto erfasst wird. Mit einem Schädelbruch und einem gebrochenen Bein kommt sie halbwegs glimpflich davon, aber der Spitalaufenthalt ist lang, und der Unfall markiert den Beginn von weiteren gesundheitlichen Problemen, mit denen Ursula noch lange kämpft.

Fast achtzig Jahre später zieht Irma dieses Fazit: «Wir hatten eine gute Kindheit. Es fehlte uns an nichts, was damals überhaupt nicht selbstverständlich war. Wir lebten in einem geräumigen, modernen Haus, in dem es sogar ein Badezimmer gab. Von unserem Balkon aus sahen wir direkt auf die Strasse hinunter und zählten zur Unterhaltung die Autos. Jedes Auto war noch fast eine Sensation. Die Felsenburg, der Bauernhof der Grosseltern mütterlicherseits, war für uns Kinder ein Paradies, ebenso der kleine Hühnerhof der Grossmutter väterlicherseits ein paar Strassen entfernt, wo wir frische Eier holten und den duftenden Kuchen, der eben aus dem Backofen kam, kosten durften. Und das Allerschönste: der See, in dem wir im Sommer schwammen und badeten, bis wir blau waren vor Kälte und schlotterten, die ausgedehnte Riedlandschaft, wo wir Wasservögel beobachteten und Frösche quaken hörten und wo wir die grossen Ledischiffe und ab und zu ein elegantes Dampfschiff vorbeiziehen sahen. Unsere Spielplätze waren tausendmal schöner als jeder moderne Abenteuerspielplatz.»

SG·8843

Franz und Sophie Müller-
Kuster mit dem zehnjährigen
Franz in Schmerikon.
Irma Adelina Müller, 1947.

Jugend

«Day-o, Day-ay-ay-o … Daylight come and me wanna go home.» (Harry Belafonte)

Die Schülerin

Im Anschluss an die Primarschule besteht Irma die Aufnahmeprüfung in die Sekundarschule. Es kränkt sie, dass der Vater sie dennoch nach Wurmsbach schicken will. Sie weiss, dass die Klosterschwestern dem Vater immer wieder grössere Aufträge zuhalten, und fragt sich, ob die Müller-Töchter eine Art diplomatisches Gegengeschenk an die Klostergemeinschaft sind. Aber Hedi wurde ja auch nach Wurmsbach geschickt, und sie war dort schliesslich nicht unglücklich. Als Irma dann an einem schönen Frühlingsmorgen zum ersten Mal das Seeufer entlang nach Wurmsbach radelt und auf der einen Seite des Wegs das Schilf mannshoch steht, während auf der anderen dunkelblaue und gelbe Iris blühen, ist sie schon halb ausgesöhnt, und gänzlich zufrieden ist sie am Ende des ersten Schultags, nachdem sie ihre Lehrerinnen kennengelernt hat.

Die Klosterfrauen sind uralt; zumindest in Irmas Augen. Und sie sind, ebenfalls das in Irmas Augen, durchwegs eigenartig, ja schrullig. Aber sie sind auch freundlich und geduldig. Und es gibt eine Lehrerin, die ohnehin alles andere aufwiegt: die schöne, junge Klosterfrau, die Irma sofort zu ihrer Lieblingslehrerin erkürt. Ihr zuliebe will sie eine glänzende Schülerin sein, und die Schule – ganz egal, welches Fach – beginnt plötzlich, richtig Spass zu machen. Dennoch wird sie nie verstehen können, warum eine so attraktive und lebensfrohe junge Frau den Weg ins Kloster gewählt hat und sich freiwilllig einsperren lässt. Diese Frage beschäftigt sie. Im zweiten Sekundarschuljahr glaubt Irma, in den Augen ihrer Lieblingslehrerin Traurigkeit zu entdecken; zweifellos ist sie unglücklich. Machte sie nicht kürzlich auf dem Flur, als Irma mit ihr für einen Moment allein war, eine diesbezügliche Bemerkung? Irma würde sie gerne danach fragen, wagt es aber nicht. Heimlich beobachtet sie die geliebte Lehrerin. Einige Monate später ist die junge Klosterfrau eines Morgens verschwunden. Den Schülerinnen wird mitgeteilt, sie habe das Kloster verlassen. Irma freut sich unbändig, sie zweifelt keinen Augenblick, dass vor den Klostermauern ein gut aussehender, junger Mann gewartet und sie abgeholt hat. Sie stellt sich vor, wie die junge Frau endlich das strenge Kleid ablegt und man ihr schönes Haar sehen kann. Gewiss ist es dunkel und fällt bis auf die Schultern. Die beiden sind wohl schon über alle Berge, in Italien vielleicht, an einer tiefblauen Bucht, wo Kamelien und Oleander blühen ...

Im Anschluss an die Sekundarschule hat der Vater Irma für einen Jahreskurs an der traditionsreichen Haushaltungsschule im Broderhaus in Sargans angemeldet. Das behäbige Bürgerhaus mitten im Städtchen Sargans gefällt Irma, auch mit den Lerninhalten Haushalt, Küche und Babypflege ist sie ganz zufrieden, aber nach diesem Jahr möchte sie ihren Traumberuf Coiffeuse lernen, was der Vater jedoch strikte verbietet, da ihm das zu oberflächlich und unseriös erscheint. Erstaunlicherweise kämpft Irma nicht für diesen Traum, wohl weil der Vater für einen anderen Vorschlag, der ihr ebenfalls entspricht, sehr zugänglich ist. Irma hat schon immer gerne gestrickt und genäht, und mit einer Damenschneiderinnenlehre ist er einverstanden.

Die Lehrstelle und heikle Fragen

Schnell findet Irma eine Lehrstelle in Rapperswil und beginnt mit viel Elan und Freude ihre Ausbildung. Das exakte Arbeiten bereitet ihr keine Mühe, und der Umgang mit den verschiedenen Materialien, Farben und Schnitten fasziniert sie und befriedigt ihren Sinn für Schönheit und Eleganz. Schon bald schneidert sie alle ihre Kleider selbst und verdient sich ein zusätzliches Taschengeld, indem sie auch für andere näht. Sie liebt die derzeitige Mode: die weiten Röcke und eng anliegenden Oberteile, die breiten Gürtel um die schmale Taille. Ganz besonders gefällt ihr das wichtigste Zubehör, der Petticoat, ein weiter Unterrock aus gestärkter Baumwolle oder Tüll, verziert mit Rüschen, Schleifchen und Spitzen, der dem weiten Oberrock Halt und Volumen verleihen soll, sodass dieser möglichst weit von der Taille absteht. Die Mädchen und jungen Frauen sehen alle aus wie Balletttänzerinnen mit knielangen Tutus in bunten Farben. Wenn Irma in einem solchen Kleid ausgehen will und das Pech hat, dem Vater zu begegnen, gibt es keine Gnade; sie muss sich umziehen. Der Petticoat hebt den weiten Rock so weit an, dass man das Knie sieht. «So kannst du nicht rumlaufen. Was sollen die Leute denken!» Und auch ihr erster, mutiger Versuch mit einem leuchtend roten Lippenstift und passendem Nagellack stösst auf keinerlei Verständnis: In hohem Bogen wirft der Vater Lippenstift und Nagellack aus dem Fenster.

Darüber, was sich gehört und was nicht, sind die Meinungen in Schmerikon jedoch geteilt. Die jungen Männer sind allesamt angetan von der jungen Irma Müller, der allseits bekannten, hübschen und schick gekleideten Tochter aus gutem Haus. Wenn Irma bei einer offiziellen Veranstaltung dank der Position ihres Vaters als Ehrendame auftreten darf, stehen die Verehrer Schlange. Aus verschiedenen Rekrutenschulen treffen buchstäblich Berge von Feldpostkarten ein: «Tausend Grüsse und Küsse von D. R.» oder «Die ganze Nacht träumte ich von dir, ich konnte fast nicht schlafen». Walter fragt an: «Liebes Irmeli, Hättest Du Lust, an einem Wochenende im August mit mir auf den Pizol zu kommen?», und ein etwas kindlicher, anonymer Verehrer, der sich Tom Dooley nennt, schreibt: «Ich liebe Dich wie Apfelmus, so fest wie Marmelade. Ich liebe dich am linken Fuss, und an der rechten Wade.» Oder etwas deftiger: «Wir lieben Dich so heiss, wie der Bock die Geiss!» Die Karten sind an «Fräulein Irma Müller, Spenglers Töchterli, Schmerikon» oder an «Fräulein Irmeli Müller, Damenschneiderin, Schmerikon» adressiert.

So sehr sich die jungen Männer mit Komplimenten und Einladungen förmlich überschlagen, Irmas Freizeit spielt sich in einem beschränkten und harmlosen Bereich ab. Es gibt nicht allzu viele Möglichkeiten für Mädchen aus gutem Hause, auszugehen, und wenn, dann geht man mit seiner besten Freundin. In Schmerikon und Umgebung haben Elvis Presley und der Rock 'n' Roll Einzug gehalten, und Irma träumt zu Harry Belafontes «Banana Boat Song», der allerersten Langspielplatte, die sie sich kauft, von der Karibik und den heissen Rhythmen, zu denen dort getanzt wird. In modisch weitem Kleid und Petticoat geht sie mit ihrer besten Freundin an Sommersamstagen aber dennoch zu Fuss an die volkstümlichen Tanzanlässe in den umliegenden Dörfern und im Herbst an eine der vielen Älplerchilbis. Ab und zu nehmen sie den Zug nach Rapperswil, um sich dort einen Kinofilm anzuschauen. Aber egal, wo sie den Samstagabend verbringen, Irmas Vater holt die beiden im schwarzen Mercedes ab oder wartet am Bahnhof Schmerikon, wenn sie mit dem letzten Zug aus Rapperswil eintreffen. Es sei spätnachts zu gefährlich für zwei junge Frauen, meint er. Das passt Irma gar nicht, sie fühlt sich überwacht und eingeschränkt. Sie provoziert den Vater: «Wir sind doch auch allein hingegangen, warum soll es auf dem Heimweg plötzlich gefährlich sein? Was soll uns denn passieren? Hast du Angst, ich könnte ein Kind bekommen? Dazu müsste ich zuerst einmal wissen, wie das überhaupt geht! Passiert das schon bei einem Kuss? Das müsstest du mir einmal erklären!»

Sie weiss, dass sie darauf keine Antwort erhalten wird, dass der Vater, peinlich berührt, ausweichen und schweigen wird. Mehrmals hat sie schon erfahren, dass sich auch die Mutter nicht an dieses heikle Thema wagt. Wie in allen Belangen war die Antwort der Mutter: «Frag den Vater.» Es ist eine Mischung aus Wut und Verzweiflung, die Irma so heftig reagieren lässt. Natürlich ist es nicht so, dass sie gar keine Ahnung hat, sie hat schon vielerorts tuscheln hören, hat sich auch schon heimlich die vom Vater streng verbotene Jugendzeitschrift *Bravo* gekauft, in der Hoffnung, endlich etwas Genaueres über das Geheimnis zu erfahren, das die Erwachsenen vor den Jugendlichen so streng hüten. Und da sind ja auch noch die immer mächtigeren Zweifel, dass die Geschichte von der unbefleckten Empfängnis, die in der Christenlehre erzählt wird, nicht stimmen kann. So viel ist ihr klar, ohne Sex gibt es keine Kinder, aber sie weiss nicht, wie Sex funktioniert. Und sie ist wütend auf die Eltern, die gar keine Erklärungen abgeben, und wütend auf den Pfarrer, der etwas erzählt, das so offensichtlich falsch ist.

Sie möchte endlich mehr wissen, sie kann ihre eigenen Gefühle und Empfindungen nicht einordnen, sie verwirren sie, zumal ihre Eltern offenbar solche Gefühle gar nicht kennen. Niemals hat sie ihre Eltern Berührungen oder gar Zärtlichkeiten oder Küsse austauschen sehen, und sie haben immer sorgsam darauf geachtet, dass die Kinder sie nie unvollständig bekleidet oder gar nackt sehen. Und Hedi oder Franz, die ihr vielleicht etwas dazu hätten sagen können, wohnen nicht mehr zu Hause. Hedi ist im Welschland und Franz im Internat. Irma möchte jetzt wirklich endlich ganz genau wissen, was geschieht, wenn ein Kind entsteht. Schon einmal hat sie vor einiger Zeit den Vater herausgefordert, als er ein *Bravo* bei ihr entdeckte und es sofort verbrannte. «Dann sag du es mir doch, wenn ich das nicht lesen darf! Dann kläre doch du mich auf!» Aber der Vater hat auch damals geschwiegen.

Nach erfolgreich abgeschlossener Lehre arbeitet Irma noch einige Monate als Damenschneiderin in Rapperswil, aber sie will so bald als möglich weg von zu Hause, in die Welt hinaus. Sie findet eine Stelle als Au-pair in Paris. Während eines Abendessens informiert sie die Eltern über ihre Pläne. Der Vater ist zunächst sprachlos, dann explodiert er förmlich. «Das kommt überhaupt nicht infrage! Du bleibst hier in Schmerikon!» – «Tue ich nicht! Ich gehe nach Paris! Ich bin 19, und du kannst mir das nicht mehr verbieten!», kontert Irma. Wie immer sitzt der Vater oben am Tisch und Irma unten, ihm gegenüber. Schon bei mancher Meinungsverschiedenheit haben sie einander über den Tisch hinweg angeschrien, und ab und zu flog auch mal ein Löffel über den Tisch, wenn Irma den Vater zu sehr reizte. Diesmal fliegt kein Löffel, aber der Vater bleibt unnachgiebig: «Du bleibst hier! Ich befehle es dir!» – Vielleicht ist es ein Rest Gehorsamkeit oder doch die Angst vor der grossen Stadt, der fremden Sprache. Nach einer schlaflosen Nacht gibt Irma jedenfalls teilweise nach und beschliesst, in der Schweiz eine Stelle zu suchen. Aber weg von Schmerikon will sie auf alle Fälle.

Endlich flügge

Schon bald findet sie eine Saisonstelle bei einer Damenschneiderin in Arosa. Aber auch damit ist der Vater nicht einverstanden. Er will seine Tochter in Schmerikon behalten, zumal er weiss, dass es hier einen gut situierten jungen Mann gibt, der in Irma verliebt ist und sie heiraten möchte. Er versucht nun, Irma mit einer Bestechung umzustimmen. Wenn sie hierbleibt und die Stelle in Rapperswil nicht aufgibt, wird er ihr ein eigenes Auto kaufen und auch die Fahrstunden bezahlen. Sie darf bei der Wahl der Marke und der Farbe mitreden! Irma lacht laut. «Ich brauche kein Auto, das bedeutet mir nichts.» Und dann fügt sie etwas versöhnlicher hinzu: «Sieh mal, Vater. Ich bin 19 Jahre alt. Ich bin jetzt erwachsen. Du kannst mich nicht ewig behüten und beschützen.»

Und so bezieht Irma Müller, Spenglerstochter, im Herbst 1959 im Hause Fortuna in Arosa ein Zimmer und beginnt, im Couture-Atelier Urech zu arbeiten.

Was sie nicht weiss, ist, dass nur wenige Monate zuvor ein junger Aroser namens Hans Clavadetscher das Amt des Hüttenwarts in der Chamanna Coaz im Oberengadin übernommen hat. Im Winter spielt Hans im Team des Eishockeyclubs Arosa, der gerade eine beispiellose Erfolgsphase mit sieben Schweizermeistertiteln hinter sich hat. Da ist die Wartung der kleinen, primitiven Hütte zuhinterst im Engadiner Val Roseg ein idealer Sommerjob. 1959 erstürmen erst wenige Touristen und Wanderer die Gipfel, und die Bergsteiger, die zur Hütte aufsteigen – fast ausnahmslos Mitglieder des Schweizer Alpen-Clubs –, bringen ihr eigenes Essen mit und erwarten keinen Komfort. Hans' Aufgabe ist es, die Hütte sauber und ordentlich zu halten und dafür zu sorgen, dass der Holzvorrat nicht ausgeht und die Quelle bei der Hütte sauber bleibt. Davon hat Irma natürlich noch keine Ahnung, denn zu diesem Zeitpunkt hat all das noch nichts mit ihrem eigenen Leben zu tun.

Freiheit in der rauen Bergwelt

«Als er begann, mich die Namen der Berge abzufragen, wäre ich fast davongelaufen.»

Arosa: Herbst 1959 bis Herbst 1961

Irma lebt sich schnell ein in Arosa. Die neue Chefin ist zwar eine etwas griesgrämige, altjüngferliche Frau, aber die Arbeit mit der zum Teil internationalen, eleganten Kundschaft gefällt Irma. Sie macht Bekanntschaften, schliesst Freundschaften, sie wagt erste Rutschversuche auf den Skiern, sie geht aus, tanzt, flirtet und geniesst die neue Freiheit. Niemand schreibt ihr etwas vor, niemand kontrolliert sie, sie ist niemandem Rechenschaft schuldig. Sie experimentiert mit neuer Kleidung, neuer Frisur, neuer Haarfarbe. Ein kurzer Besuch zu Hause in Schmerikon mit rot gefärbtem Bubikopf bestätigt ihr die Richtigkeit ihres Entschlusses, Schmerikon zu verlassen. Als der Vater sie in ihrer neuen Aufmachung sieht, beginnt er sofort zu gestikulieren und zu schreien, sodass sie die Türklinke gar nicht erst loslässt und gleich in den nächsten Zug steigt, zurück nach Arosa. Dort, zuhinterst im engen Bergtal, atmet sie auf und fühlt sich freier als in der offenen, freien Landschaft des Zürichsees.

Schon bald hat sie eine «beste» Freundin gefunden. Marianne ist vor Kurzem aus Deutschland angekommen und arbeitet als Floristin in einem Aroser Blumengeschäft. Die beiden jungen Frauen verstehen sich auf Anhieb und empfinden sich als Seelenverwandte. Sie sind beide ausgezogen, um die Welt zu erobern, sie teilen den Drang nach Freiheit und Ungebundenheit und die Leidenschaft fürs Tanzen. Auch haben beide einen ausgeprägten Sinn für Schönheit, Farben und Formen. Irma schneidert in ihrer Freizeit schicke, modische Tanzkleider für sich und Marianne, manchmal sogar identische, in denen sie sich wie Zwillinge fühlen. Und so verhalten sie sich auch, wenn sie zusammen zum Tanzen ausgehen: Sie gehen zusammen hin, und sie gehen wieder zusammen nach Hause. Das ist eine unausgesprochene Abmachung, ganz egal, wie heftig sie flirten oder wie attraktiv der Tänzer sein mag, der sich für die eine oder die andere interessiert. Sie beschützen sich gegenseitig vor der Versuchung, sich mit einem Mann einzulassen, denn sie haben noch viel vor und wollen keinesfalls frühzeitig in die Beziehungs- oder gar Ehefalle tappen. Das Leben in Arosa gefällt ihnen ausgezeichnet, aber es soll für beide nur die erste Station sein auf ihrem Weg in die grosse, weite Welt.

Dreimal kommt es vor, während Irmas erstem Jahr in Arosa, dass sie unerwarteten Besuch aus Schmerikon erhält. Drei junge Männer haben dieselbe Idee. Jeder von ihnen hofft offenbar, dass er nun, da Irma allein in der Fremde lebt, vielleicht bessere Chancen hat, sie doch noch zu erobern. Einer versucht es mit einem Geschenk, der zweite mit einem Blumenstrauss und der dritte, Willi, mit seiner Überzeugungskraft. Alle drei wollen sie nach Schmerikon zurückholen; wenn sie möchte, gerne auch als Braut. Irma fühlt sich durchaus geschmeichelt, aber sie braucht keine Bedenkzeit. Verlobung? Niemals! Zurück nach Schmerikon? Niemals!

Christian Clavadetscher

Obwohl – so ganz ohne Männer fehlt auf die Dauer doch das Salz in der Lebenssuppe. Da gibt es zum Beispiel die zwei «Spinner», die in Arosa immer mal wieder von sich reden machen. Es sind zwei befreundete junge Männer, ungefähr gleich gross, die durch ihr Wuschelhaar und ihre langen Vollbärte auffallen. Der eine ist rothaarig wie eine Karotte, der andere hat rabenschwarze Haare. Irmas Chefin weiss, dass der schwarzhaarige, den sie Hitch oder Hitta nennen, obwohl er eigentlich Christian heisst, nicht nur einen Schäferhund, sondern auch ein Maultier besitzt; er soll ein ganz einfaches, naturverbundenes Leben führen. Man erzählt sich, dass er jeweils allein, nur von den beiden Tieren begleitet, zu Fuss über die Berge ins Engadin gehe, um seinen Bruder zu besuchen, der dort als Hüttenwart eine SAC-Hütte bewirtschafte. Irma ist fasziniert. Wer wandert schon mit einem Maultier in der Welt herum? Und wie, ums Himmelswillen, gelangt man zu Fuss von Arosa ins Engadin? «Nun ja», erklärt eine Bekannte, eine Aroserin. «Auf dem alten Passweg über die Maienfelder Furgga zur Stafelalp, von da nach Davos-Frauenkirch und dann über den Scalettapass nach La Punt. Von dort sind es über St. Moritz und den Hahnensee noch etwa acht Stunden bis zur Hütte. Insgesamt sind es schon ungefähr drei Tage.» Irma staunt, und der Kopf schwirrt ihr von all den unbekannten Namen. Das muss ein ganz extremer, verrückter Kerl sein, denkt sie. Und in ihren Augen ist das eine Auszeichnung.

War es Schicksal, dass sich Irma und Hitta, die in völlig verschiedenen Welten lebten, begegneten? Oder begegnete man sich, wenn man zu jener Zeit in Arosa lebte, früher oder später unweigerlich? Beide können sich jedenfalls später nicht an ihr erstes Treffen erinnern. Fest steht nur, dass Irma seit der Bemerkung ihrer Chefin neugierig nach dem aussergewöhnlichen jungen Mann mit dem schwarzen Bart Ausschau hält. Hitta seinerseits ist die hübsche, junge Schneiderin aus dem Unterland mit dem übermütigen Lachen und den Grübchen in den Wangen auch aufgefallen, und er möchte sie gerne kennenlernen. Der glückliche Zufall will es, dass Hitta mit jenem Aroser Bauern befreundet ist, der seit einiger Zeit um Irmas Freundin Marianne wirbt, sodass die beiden miteinander bekannt gemacht werden, «wie es sich gehört». Dennoch dauert es noch ein Weilchen bis zum ersten richtigen Rendezvous. Und das beginnt nicht unbedingt erfolgversprechend. Hitta lädt Irma an einem Sonntag zu einem Spaziergang und einem Kaffee ein, und er weiss nichts Besseres, als sie die Namen aller Berge rund um den Aroser Talkessel abzufragen, vielleicht um seine eigene Unsicherheit und Verlegenheit zu überspielen, indem er sie in Verlegenheit bringt, denn er geht ja nicht jeden Tag mit einer eleganten Unterländerin spazieren. Sie fühlt sich ertappt, da sie kaum einen Berggipfel nennen kann, und ist nun tatsächlich verlegen. Von Liebe auf den ersten Blick kann bei Irma keine Rede sein, aber Tatsache ist, dass Hitta ihr mit dieser Eröffnung unbeabsichtigt einen Blick in sein tiefstes Inneres erlaubt, auch wenn sie es nicht so wahrnimmt. Die Berge gehören untrennbar zu ihm und seinem Leben, und wer ihm nahekommen will, muss sich mit den Bergen auseinandersetzen.

Trotz diesem wenig verheissungsvollen Anfang treffen sich die beiden nun ab und zu an einem Sonntag und gehen miteinander in die Berge. Irma erfährt von Hitta, dass er in ganz einfachen Verhältnissen aufgewachsen ist und immer noch bei seinen Eltern lebt. Er hat nicht einmal ein eigenes Zimmer und schläft in der Stube. Im Winter arbeitet er als Pistenkontrolleur und Skilehrer. So bald als möglich möchte er das Bergführerpatent erwerben.

Der Zugvogel

Ende Wintersaison 1961 wird Irma von einer inneren Unruhe gepackt. Sie lebt nun schon seit eineinhalb Jahren in Arosa und braucht Abwechslung. Gewiss, sie ist vielleicht ein ganz klein wenig verliebt in den schwarzhaarigen Bergler, aber sie will schliesslich frei und unabhängig bleiben. Da lockt die Stadt Zürich als neues Abenteuer. Im Warenhaus St. Annahof an der Bahnhofstrasse findet sie eine Stelle als Änderungsschneiderin, und sie entschliesst sich, während der Sommermonate doch wieder in Schmerikon bei den Eltern zu wohnen – teils aus Kostengründen, teils auf Druck des Vaters, dem die Idee, dass seine Tochter allein in der grossen Stadt ein Zimmer mietet, gar nicht gefällt.

Hitta verbringt einen grossen Teil des Sommers auf 2400 Metern in der Coaz-Hütte im Val Roseg. Sein Bruder Hans ist zum Schluss gekommen, dass das Leben im Hochgebirge und die Arbeit als Hüttenwart doch nicht so ganz seine Sache seien, und Hitta hat die Hüttenwartstelle von ihm übernommen. Ihm kommt die relative Freiheit, die diese Arbeit gewährt, entgegen. Er hat die Ausbildung zum Bergführer begonnen, die in Abschnitten von jeweils einem oder mehreren Tagen absolviert wird. Ab und zu trifft in Schmerikon eine Postkarte von ihm ein, manchmal gleich zwei oder drei nacheinander.

4. Mai 1961 (Bild: Dufourhütte)
Hier eine Karte von unserer zweiten Tour. Leider haben wir die Berge nicht gesehen, alles war im Nebel. Herzliche Grüsse
Hitta

6. Mai 1961 (Bild: Hotel Hermann Geiger, Sion)
Wegen schlechtem Wetter sind wir wieder im Tal. Doch auch hier ist es schön, vor allem die Mädchen. Gruss Hitta

8. Mai 1961 (Bild: Les Pyramides d'Euseigne)
Schon wieder sind wir unterwegs zum Klettern. Somit ist es aus mit den Mädchen! Gruss Hitta

Dass viele solche Karten in regelmässigen Abständen eintreffen, spricht eine deutliche Sprache; ebenso die Tatsache, dass Irma sie fast sechzig Jahre später noch immer sorgfältig aufbewahrt und etliche davon vergilbte Spuren vom Klebeband tragen, mit dem sie an der Wand befestigt wurden.

Schon bald folgt diesen kurzen, wenig emotionalen Postkartengrüssen ein Brief. Hitta hat offenbar Sehnsucht nach Irma und sie nach ihm.

Coaz, 25.6.61

Liebe Irma

[...] Alles, aber auch alles, was ich mir wünsche, ist Dich wieder zu sehen. Ich gebe die Hoffnung nicht auf, ich bin gewiss, und wenn die ganze Welt gegen mich ist, ich sehe Dich wieder. Hier ist es herrlich, all die Blumen, der Himmel und ziehende Wolken, Sonnenflirren über Eis und Gletscher, helles Grün der Lärchen, Duft der Arven.
All diese Schönheit möchte ich sammeln und Dir, Irma, senden, damit Du etwas hast für Deine Traurigkeit.
Du und ich, schau, Irma, ich bete sogar zu einem Gott, dass er unsere Liebe erhalte.
Viele Küsse

Dein Christian

Diesem Brief kann Irma nicht widerstehen. Sie zögert zwar, entschliesst sich dann aber, Hitta in seiner Bergeinsamkeit zu besuchen, um mit eigenen Augen zu sehen, wo und wie er nun lebt.

August 1961: erster Besuch auf der Coaz-Hütte

Irma und ihr Bruder Franz sitzen sich im Zug nach Chur gegenüber und schweigen. Beide sind in Gedanken versunken. Franz ist in seiner Fantasie bereits in St. Moritz angekommen und stellt sich die Wanderroute vor, die er gestern auf der Karte sorgfältig studierte. Ob sie wohl Gämsen sehen werden, im Corvatschgebiet oder im Rosegtal? Oder wird er übermorgen das Engadin wieder verlassen, genauso enttäuscht wie beim letzten Mal, als alles Warten und Ausschauhalten mit dem Feldstecher ihm nichts als ein paar Murmeltiere vor die Linse brachte? Die Reise ins Engadin ist doch ziemlich lang und auch nicht gerade billig. Wenn es diesmal wieder nicht klappt mit den Gämsen, könnte es eine Weile dauern bis zum nächsten Versuch. Lohnen wird sich die Reise zwar auf jeden Fall, und nicht nur wegen der wundervollen Bergwelt. Er wird Irmas Aroser Freund kennenlernen, dessen Besuch in Schmerikon neulich den Vater so aufgebracht hat. Offenbar arbeitet er seit dem Frühling als Hüttenwart auf der Coaz-Hütte. Da muss man schon aus ganz speziellem Holz geschnitzt sein, um dieses Leben in der Abgeschiedenheit des Hochgebirges zu wählen, denkt er.

Auch Irma ist mit ihren Gedanken beschäftigt. Sie ist halb amüsiert, halb verärgert. Nur weil sie jetzt eine Sommersaison in Zürich arbeitet und wieder im Elternhaus wohnt, glaubt der Vater, er müsse erneut seine väterliche Autorität geltend machen und über ihre Tugend wachen. Dabei ist sie 21 Jahre alt und lebt und arbeitet seit bald zwei Jahren in Arosa, ohne dass er irgendeinen Einfluss darauf gehabt hätte, wie und mit wem sie ihre Zeit verbrachte. Und das geht ihn auch gar nichts mehr an.

Sie darf nicht daran denken, wie unmöglich er sich gebärdet hat, als Hitta sie vor einigen Wochen in Schmerikon besuchen wollte. Es war geradezu peinlich. Hitta musste in einem Hotel übernachten, als ob sie in ihrem grossen Haus nicht genügend Platz gehabt hätten, um ihn unterzubringen. Aber nein! Was würden auch die Leute sagen! Schlimm genug, dass Spenglers Tochter Herrenbesuch bekam, aber ihn auch noch im Haus übernachten lassen, diesen Wilden, diesen Berg-Hippie, der nichts ist und nichts hat, wo sie doch nur mit dem kleinen Finger winken müsste, um Willi, den wohlhabendsten und respektabelsten jungen Mann von Schmerikon, zu heiraten. In einer Villa in einem Park könnte sie leben, wahrscheinlich mit einem Dienstmädchen. Und wer weiss, wie weit es der junge Mann noch bringen wird. Immerhin hatte er schon jetzt gute Aussichten auf einen Sitz im Gemeinderat. Und wenn ihr dieser nicht passen würde, gäbe es genügend andere katholische junge Männer mit anständigen Berufen in Schmerikon, die sich um das schöne «Fräulein Spengler» reissen würden. Der Vater regte sich furchtbar auf, und es kam – wie so oft in früheren Jahren – wieder einmal zu einer lauten Auseinandersetzung zwischen ihm und seiner mittleren Tochter.

Irma bricht der kalte Schweiss aus, wenn sie an die Wünsche ihres Vaters für ihre Zukunft denkt. Sie hat nicht die geringste Absicht, irgendwen zu heiraten, und zuallerletzt möchte sie diesen Willi heiraten, von dem ihr Vater so begeistert ist. Weder jetzt noch irgendwann. Ihr schaudert allein bei der Vorstellung, mit einer adretten kleinen Schürze Willis Frühstück zuzubereiten und ihm dann hinterher zuzuwinken, wenn er in seinen Mercedes steigt, um eine Sitzung in seiner Firma zu präsidieren. Pünktlich um 12.15 Uhr würden sie sich zu Tische setzen, um die Mittagsnachrichten am Radio zu hören; und am Nachmittag wäre dann für sie ein Besuch beim Coiffeur angesagt oder ein Kaffeeklatsch mit Freundinnen. Natürlich müsste sie am Abend rechtzeitig zurück sein, um die adrette kleine Schürze wieder umzubinden und das Abendessen aufzutragen. Am Wochenende wäre der Besuch bei den Schwiegereltern Pflicht, und im Sommer würde man für drei Wochen an die Adria fahren, immer in dasselbe Hotel. Jeden Tag, jedes Jahr, ein ganzes Leben lang, immer dasselbe! Und stets beobachtet und überwacht von der Hautevolee de Schmerikon. Eine absolut grauenvolle Vorstellung. Niemals! Irmas Groll auf den Vater wächst, türmt sich auf wie Gewitterwolken, während der Zug den stillen, dunklen Walensee entlangfährt und irgendwann Sargans erreicht. Jetzt beginnt sie allmählich, sich auch über sich selbst zu ärgern. Warum nur hat sie sich darauf eingelassen, ihren Bruder mitzunehmen? Immerhin ist nicht anzunehmen, dass er die Rolle als Tugendwächter gern spielt.

Inzwischen nähern sie sich bereits Chur. Sie blickt ihren Bruder verstohlen an. Er schaut ruhig aus dem Fenster, mit einem sehr zufriedenen Ausdruck auf dem Gesicht. Er scheint sich doch auf diesen Ausflug zu freuen. Er mag die Berge, geht oft wandern, war im Gegensatz zu ihr selbst sogar schon einmal im Engadin. Er hat die Wanderkarte sorgfältig studiert und ihr den Weg zur Coaz-Hütte beschrieben. Drei Stunden Gehzeit und 900 Höhenmeter von St. Moritz bis zur Passhöhe Fuorcla Surlej, und dann noch einmal eineinhalb Stunden bis zur Hütte. Na ja, vielleicht ist es gar nicht so schlecht, ihn dabeizuhaben. Wer weiss, vielleicht findet sie in ihm sogar einen Verbündeten gegen die abstrusen Pläne des Vaters.

Nachdem Bruder und Schwester in Chur in die Rhätische Bahn umgestiegen sind, ist Franz' Aufmerksamkeit ganz auf die spektakuläre Bahnstrecke nach St. Moritz gerichtet. Er blickt unentwegt aus dem Fenster, steht sogar ab und zu auf und setzt sich kurz ins Zugabteil auf der anderen Seite, wenn diese den interessanteren Ausblick verspricht. Kehre um Kehre, Tunnel um Tunnel, Brücke um Brücke schlängelt sich der Zug gemächlich in die Höhe, bis er schliesslich, nach einem kurzen Halt in Preda, in den Albulatunnel einfährt. Nach dem Lärm und der Düsternis des Tunnels entfaltet sich das liebliche, sanft abfallende Val Bever mit dem lockeren Lärchen- und Arvenbestand und dem klaren, sprudelnden Beverin fast wie der Park eines exklusiven Wohnsitzes der von Planta oder von Salis. Dann der elegante, fein gegliederte Kirchturm von Bever, Samedan mit den schönen Patrizierhäusern im Zentrum und schliesslich St. Moritz, damals, 1961, noch nicht ganz so mondän wie heute.

Während der ganzen Fahrt nimmt Irma die Naturschönheiten nur mit einem halben Auge wahr und reagiert lauwarm auf die Ausrufe ihres Bruders «Hast du *das* gesehen?!», «Schau dir *das* an!» Im Abteil gegenüber sitzen zwei junge Männer mit Bergschuhen an den Füssen und grossen Rucksäcken, an denen Pickel, Seil und Klettereisen befestigt sind. Sie sind in ein Gespräch vertieft über Wetterbedingungen, Details ihrer Route und erwähnen den Piz Morteratsch, den Piz Tschierva – Gipfel, deren Namen Irma noch nie gehört hat. Neugierig betrachtet sie die beiden: zwei gross gewachsene, gut aussehende Männer in Bergkleidung, mit kurz geschnittenen Haaren, die Gesichter leicht gebräunt. Aber irgendwie wirken sie trotzdem blass; etwas langweilig, befindet sie. Unwillkürlich taucht in ihr Hittas Bild auf, seine dunklen Augen und Haare, das tief gebräunte Gesicht, in dem die Zähne so weiss hervorblitzen, wenn er lacht. Die Ruhe, die er ausstrahlt, und wie fest und sicher er auf dem Boden steht, obwohl er längst nicht so gross und breit gebaut ist wie die beiden Männer im Abteil gegenüber. Wie wird es sein, ihn in dieser neuen Umgebung zu sehen, in der Hütte, die ihm offenbar viel bedeutet? Wie das wohl sein mag, da oben zu leben? Freut er sich auf ihren Besuch? Irma spürt eine eigenartige Unruhe bei diesen Gedanken, die sie auch später, während des Aufstiegs von St. Moritz zum Hahnensee und zur Fuorcla Surlej, nicht loslassen.

Die Steinwüste, die sie mühsam kurz vor Erreichen der Fuorcla Surlej durchqueren, lässt noch nichts vermuten von der Schönheit und Erhabenheit der gewaltigen Arena aus Fels und Eis, die sich ihnen eröffnet, als sie oben ankommen. Der Piz Bernina und die ganze Berninakette mit dem Roseggletscher scheinen zum Greifen nah, und vom kleinen See, wo sie Rast machen, bietet sich ein herrlicher Blick auf die Sellagruppe. Irma hat noch nie einen Gletscher gesehen, noch nie solche Massen aus Fels und Eis. Sie ist sprachlos. Hitta hat ihr zwar immer wieder einmal eine Postkarte geschickt mit Fotos der Berge, die er gerade erklettert hatte, aber kein Bild könnte eine Ahnung vermitteln von der Wucht des Eindrucks, den diese Landschaft macht.

Der Weg, den sie nun noch bis zur Hütte zurücklegen müssen, ist im Vergleich zum Aufstieg, den sie hinter sich haben, gemütlich. Nach einem kurzen Abstieg schlängelt er sich dem Bergabhang entlang, gesäumt von satt-farbigen Alpenblumen, die Irma grösstenteils noch nie gesehen hat. Enzian, Alpenrose und Edelweiss kennt sie natürlich von kitschigen Heimatbildern und aus süsslich-populären Liedern, aber von Frauenmantel, Türkenbund, Himmelsherold, Knabenkraut, Frauenschuh und Schwefelanemone hat sie noch nie etwas gehört, geschweige denn sie in natura gesehen. Das unscheinbare Männertreu, dessen verführerischen Vanilleduft sie beim Vorübergehen nicht wahrnehmen kann, fällt ihr nur deshalb auf, weil gerade ein hübscher, gelber Falter darauf sitzt.

Ungefähr eine Stunde später sehen sie die graue Steinhütte mit dem flachen Satteldach, die sich dicht an eine hohe Felswand schmiegt, und sie bleiben einen Augenblick stehen, um sie zu betrachten. Die Fenster sind klein, damit der Wärmeverlust im Winter möglichst gering ist, und sie sind zum Schutz gegen Wind und Wetter tief in die dicken Mauern eingelassen. Vor der Hütte befindet sich eine Terrasse, von einer Steinmauer umgeben, und einige Steinstufen führen zur Hüttentüre empor. Es ist kein Mensch zu sehen. Irma und Franz sind beide überwältigt von der Schönheit, die sie hier umgibt: schneebedeckte Gipfel, blühende Bergwiesen, Ruhe und tiefer Frieden. Das hier ist eine ganz neue Welt, eine Welt für sich, in jeder

Hinsicht weit entfernt von der, aus der sie kommen und die sie kennen. Es ist Franz, der zuerst Worte findet: «Mein Gott, ist das schön hier!» Ja, es ist wunderschön hier, einmalig schön. Irma bringt kein Wort hervor. Da kann man atmen, sich bewegen, sich selbst sein; das ist Freiheit. Die Enge von Schmerikon, das lärmige Zürich sind weit weg. Gleichzeitig sind da auch leise Zweifel: Könnte sie, so wie Hitta, während Monaten hier leben? So völlig abgeschieden von allem, was ihr vertraut ist? Umgeben von Fels und Eis?

Bruder und Schwester stehen noch immer da und staunen, als sich die Hüttentüre öffnet und Hitta ihnen entgegentritt.

Zwei Tage später verabschieden sich Franz und Irma von Hitta und seiner Mutter, der Nane, die einige Tage bei ihrem Sohn verbringt und ihn bei der Bewirtschaftung der Hütte unterstützt, und wandern zurück zur Fuorcla Surlej. Wieder bleiben sie an derselben Stelle des Pfads stehen, wie zwei Tage zuvor, und blicken zur Hütte zurück. Wiederum ist es ein herrlicher Sommertag, und ein tiefblauer Himmel wölbt sich über ihnen. Franz schaut Irma von der Seite her lange an. Dann sagt er: «Es ist wirklich so schön hier, dass man sich fast vorstellen könnte, den ganzen Sommer über zu bleiben.» Und sie glaubt, einen fragenden Unterton zu hören. «Ja, es ist schön», sagt sie so leichthin wie möglich – und als sie weitergehen, beginnt sie, über Banalitäten zu plaudern: über den Weg zurück nach St. Moritz, über den Fahrplan, die Umsteigezeiten und ihren nächsten Arbeitstag im St. Annahof in Zürich. Niemand braucht von den Gefühlen zu wissen, die sie gerade völlig durcheinanderbringen. Natürlich ist sie verliebt in Hitta, ja, klar, und er auch in sie, aber das ist ja nicht ganz neu. Und dennoch fühlt sie sich so verwirrt, so an- und aufgeregt, wie wenn sie dieses Gefühl des Verliebtseins erstmals neu entdeckt hätte. Ja, natürlich, das muss es sein: Sie hat sich tatsächlich neu verliebt; in alles hier, in die Hütte, samt Hund und Maultier, in das einfache, ursprüngliche Leben und in diese Hochgebirgswelt.

Hast du nun völlig den Verstand verloren?, hört sie ihre Eltern sagen, und sie sieht auch die vielsagenden Blicke, die sich ihre Freundinnen und die alten Schulkameraden zuwerfen würden. Ganz Schmerikon würde den Kopf schütteln ob ihrer Verrücktheit, und ihr Vater würde ohne Zweifel ausrasten. Aber was kümmert sie das? Niemand wird erfahren, was in ihr vorgeht, sie wird erst einmal bis zum Ende des Sommers im St. Annahof weiterarbeiten und dann im Herbst für eine weitere Wintersaison nach Arosa gehen. Und dann wird man weiterschauen.

Die Loreley vom Zürichsee: Irma in Schmerikon, 1961. Kurz vor ihrem Besuch auf der Coaz-Hütte, als sie die herrlichen Berge mit der Sellagruppe zum ersten Mal sieht. Irma und Hitta verbringen 1963 ihren ersten gemeinsamen Sommer auf der Hütte, unternehmen Touren und leben ihren Alltag zusammen in der rauen und anmutigen Hochgebirgswelt.

Die grosse Liebe

«Wir waren beide Zigeuner. Er auch, nicht nur ich.»

Umworben

Zurück in Zürich hat Irma nach wie vor grosse Reisepläne; sie träumt davon, die Welt zu erobern, und möchte sich keinesfalls auf eine feste Beziehung einlassen. Auch bleibt sie wohl nicht ganz unberührt vom heftigen Widerstand ihrer Eltern gegen ihre Bekanntschaft mit Hitta. In ihrem Gefühlsdurcheinander lässt sie sich sogar vorübergehend auf eine halbherzige Liebelei mit einem den Eltern genehmen Bewerber ein, der ihr endlos lange Briefe schreibt und darin alle möglichen Katastrophen heraufbeschwört, sollte sie sich diesen Bergler nicht aus dem Kopf schlagen. Aber Hitta wirbt in Briefen unermüdlich um Irma.

Arosa, im September 1961

Liebe Irma!

Nachdem ich Dir gestern telefoniert habe, sind Frau Moser, Marianne und ich noch bis zehn Uhr auf dem Balkon gesessen und haben Wein getrunken. Traumdunkle Nacht draussen, am Furkahorn der Mond. Wie damals, weisst Du noch?
Ja, Arno [Hittas Schäferhund] und ich sind zur Coaz gewandert. War das schön! Dieses rauschende, gelbe Gras am Wege,

diese leuchtenden, lodernden Lärchen, die sanften Birken, die sturmzerzausten Arven. Diese Täler im purpurnen, sanften Licht des Herbstes, diese lichtumfluteten Felsaltäre im grossen Schweigen, berührt nur noch vom unsäglich leisen Raunen und Weben der Ewigkeit.

Ich habe oft an Dich gedacht. Aber Du wolltest ja nachhause. So hab' ich halt mit dem Hund geredet. Hab ihm alles Schöne gezeigt. Er hat mich angeschaut mit seinen klugen Augen und verstanden.

Ich versuchte durch Wandern, Dich zu vergessen. Aber alles glitt an mir vorbei wie tote Blätter, Blätter, die bunt gefärbt sind, aber von den Ästen gerissen. Ich habe versucht, Dich hinter mir zurückzulassen, aber ich bin treuer als ich sein will.
Herzliche Grüsse und Küsse

Christian

Hittas Werben wird kräftig unterstützt von Irmas Freundin Marianne, die inzwischen ihre grossen Pläne, die Welt zu entdecken, aufgegeben hat. Sie erwartet in Arosa ihr erstes Kind und möchte ihre Freundin wieder in der Nähe haben. Und so kehrt Irma im Herbst 1961 für eine weitere Wintersaison nach Arosa an ihre Stelle im Schneideratelier zurück.

Während des folgenden Winters kommen sich Hitta und Irma immer näher, und sie lernt auch seine Familie kennen. Er stammt aus äusserst bescheidenen, sogar armen Verhältnissen. Sein Vater, von Beruf Koch, arbeitete bei der Schweizer Armee, war aber immer wieder zeitweise arbeitslos, wohl weil er kein einfacher Mensch war und auch gerne etwas zu tief ins Glas schaute.

Seine Mutter, von allen Nane genannt, war gezwungen, mit auswärtiger Reinigungsarbeit Geld dazuzuverdienen, aber sie tat dies mit einer grossen Selbstverständlichkeit und Liebenswürdigkeit. Nichts war ihr zu viel, sie war für alle da, stets bereit zu helfen und zu unterstützen. Ihr grosses Herz prägte die Familienatmosphäre, in der Hitta, seine ältere Schwester Martha und sein jüngerer Bruder Hans aufwuchsen.

Irma erfährt, wie viel Hitta seine Familie bedeutet und auch, wie wichtig ihm seine Freunde sind, obwohl er wenig über seine Gefühle spricht, oft sogar sehr wortkarg ist; wie ein typischer Bergler halt. Nur beim Schreiben und wenn er beginnt, Geschichten zu erzählen, entwickelt er eine erstaunliche Beredtheit und eine unglaubliche Fantasie, mit der er die Zuhörer in seinen Bann schlägt.

Geld bedeutet Hitta nichts. Solange er ein – noch so bescheidenes – Dach über dem Kopf und genug zu essen hat, verschwendet er keinen Gedanken daran. Es wäre schade um die Zeit. Zeit hingegen bedeutet ihm viel, und er geht gerne verschwenderisch und locker um damit; eine Armbanduhr trägt er aus Prinzip nicht.

Ein junger Mann also, der in jeder Hinsicht anders ist als Irmas zahlreiche Verehrer in Schmerikon oder die Tanzpartner in Arosa. Am meisten beeindruckt sie vielleicht der Umstand, dass Hitta zwar stetig um sie wirbt und sie gewinnen möchte, sich aber dennoch nicht manipulieren lässt. Wenn nötig, hält er ihr – auch das in brieflicher Form – durchaus auch einmal den Spiegel vor und ermahnt sie, sorgfältig mit ihm und der Beziehung umzugehen. Ihn kann sie nicht tanzen lassen wie die anderen jungen Männer. Das gefällt ihr.

Es gefällt ihr sehr, und dennoch – oder vielleicht genau deshalb? – packt sie im Frühling erneut die Unruhe, der Drang nach neuen Erfahrungen und neuen Welten, und sie bewirbt sich kurz entschlossen auf ein Zeitungsinserat für eine Sommerstelle als Zimmermädchen in einem Hotel in Brissago im Tessin. Zuvor aber will sie einige Tage mit Hitta auf der Coaz-Hütte verbringen. Hitta hat für sie beide eine Frühlingsskitour auf den Chapütschin, einen wunderschönen, einsamen Aussichtsgipfel, geplant. Es ist Irmas erste Skitour auf einen Dreitausender, und entsprechend wird die erfolgreiche Ankunft auf dem Gipfel etwas Besonderes sein, würdig genug für einen ganz besonderen Moment. Irma weiss nicht, dass Hitta in einer Tasche im Innenfutter seiner Skijacke zwei Verlobungsringe mit sich trägt, es soll eine Überraschung sein. Dann aber kommt unerwartet ein Gast für zwei Tage auf die Hütte und möchte sich ihnen für die Tour anschliessen, denn die Wetterbedingungen sind ideal. Hitta verflucht den Mann innerlich, aber er bringt es nicht übers Herz, ihm die Bitte abzuschlagen. Irma, die nichts von Hittas geheimen Plänen weiss, ist irritiert, dass dieser Gast während des Aufstiegs ständig jammert, das Tempo sei zu schnell, und sie deshalb den Gipfel erst kurz vor Mittag erreichen. Was bedeutet, dass sie kaum Zeit haben, den einmaligen Rundblick zu geniessen und etwas zu essen, denn die Schneeverhältnisse werden durch die starke Sonneneinstrahlung zusehends ungünstiger. Irma hat zwar seit ihren ersten Versuchen auf Skiern einiges an Können zugelegt, aber die lange Abfahrt im schweren Frühjahrsschnee macht ihr etwas Sorgen. Tatsächlich ist es aber der Gast, der sich schwertut und ständig hinfällt, sodass sie erst mitten am Nachmittag zur Hütte zurückgelangen. Die Ringe stecken immer noch in Hittas Skijacke. Da der unwillkommene und einzige Gast am nächsten Tag die Hütte verlässt, schlägt Hitta für die freien Tage einen Ausflug in den Süden vor. Mit dem Postauto fahren sie nach Bondo im Bergell und steigen zu Fuss nach Soglio hinauf, in das schöne alte Dorf auf einer Sonnenterrasse hoch über dem Tal, welches Giovanni Segantini einst «la soglia del paradiso», die Schwelle zum Paradies, nannte. Dort übernachten sie. Aber so schön es da sein mag, für Hitta scheinen der Ort oder der Moment nicht speziell genug zu sein, und die beiden steigen am nächsten Tag wieder ins Tal hinunter und fahren mit dem Postauto weiter nach Chiavenna, um schliesslich, nach einigem Umsteigen, im blühenden Frühling am Comersee zu landen. Jetzt ist der Moment gekommen: Hitta gräbt die Ringe aus ihrem Versteck – und ehe sie sich versieht, ist Irma glücklich verlobt.

Verlobungsturbulenzen

Nach dem kurzen Ausflug nach Italien geht es noch einmal zurück ins Val Roseg, wo Hitta die Hütte aufräumt und dann den grossen Schlüssel im Schloss dreht und ihn an den rostigen Nagel am Türrahmen hängt. Mitte Juli wird er für die Sommersaison zurückkehren. Nun fahren die Verlobten nach Arosa, wo Irma ihre Sachen packt und sich nach einem Zwischenhalt in Schmerikon auf den Weg nach Brissago macht. Schon in den ersten Minuten ihres Besuchs fällt den Eltern der Verlobungsring auf, und der Vater ist ausser sich. Wenn Irma die Verlobung mit diesem «protestantischen Ist-Nichts und Hat-Nichts» nicht rückgängig mache, werde er sie enterben, droht er. Aber Irma lacht nur: «Tu das, dein Geld bedeutet mir nichts. Ich brauche es nicht. Hitta und ich sind jung, wir können arbeiten und unser eigenes Geld verdienen!» Als Hitta sofort nach Schmerikon reist, um mit dem Vater zu sprechen, weigert sich dieser, ihn auch nur anzuhören, und Hitta muss unverrichteter Dinge wieder abreisen, während Irma bis zu ihrem Stellenantritt in Brissago bei den Eltern bleiben will.

Frl. Irma Müller, Spenglerei, Schmerikon

Arosa, im Juni 1962

Liebe Irma!

Die Zeit vergeht wie die Wolken des Mittags. Was bleibt? Die Erinnerung – die Erinnerung an unsere Reise, an Dich. An unser Hotel in Lecco, an Soglio, an den Spaziergang bei klatschendem Regen, damals. An unser Essen, den Wein. An Ballabio, an die Fahrt mit dem Schiff. Nachts, bei Regen und Blitz. An das Zimmer in Colico.
An Dich, Dein lachendes Gesicht, Dein Haar, Dein atmender Körper, Deine lieben Hände, Deine Augen, Deine Lippen.
Nie werde ich die Zeit, niemals Dich vergessen!

Ja, die Zeit vergeht. [...] Mein Maultier ist angekommen. Nächsten Montag geht's in die Coaz.

Wünsche dir alles Gute und Schöne. Wie leer sind die Tage ohne Dich ...

Dein Christian

In Irmas Gefühlswelt muss in diesen Tagen in Schmerikon, als frisch Verlobte, ein rechtes Durcheinander geherrscht haben. Schon vor Jahren hat sie begonnen, sich von der katholischen Lehre zu distanzieren. Ein Grund dafür könnten Trotz und Auflehnung gegen die strenge väterliche Autorität sein, welche die Kinder zu Kirchgang, Christenlehre und Gebet zwang; ein weiterer, dass Irma sich belogen und betrogen fühlte, denn die Geschichte der jungfräulichen Geburt Jesu konnte so nicht wahr sein, wie sie ihr in der Christenlehre und im Gottesdienst erzählt worden war. Die geforderte Unterwerfung unter die Autorität der katholischen Kirche gipfelte für Irma darin, dass sie diese «Lügengeschichte» glauben sollte, was ihre Empörung immer wieder von Neuem entzündete. «Unbefleckte Empfängnis! Wie konnten sie uns einen solchen Bären aufbinden!» Es ist daher nicht ganz einfach, die Beweggründe nachzuvollziehen, warum sie während dieser Tage das Gespräch mit dem katholischen Pfarrer in Schmerikon suchte. Hoffte sie vielleicht doch auf den kirchlichen Segen für diese Ehe und damit auf die Zustimmung der Eltern? Oder suchte sie insgeheim weitere Gründe für ihren Groll und ihre Abwendung von der Kirche, um dann umso überzeugter ihren Weg gehen zu können?

Vor ihrer Abreise von Schmerikon geht Irma jedenfalls zur Beichte – nicht um zu beichten, sondern um den Pfarrer zu fragen, was er von ihrer Verlobung mit einem Protestanten halte. Sie müsse diese Beziehung sofort auflösen und zwölf Vaterunser als Busse beten, entgegnet der Pfarrer. «Das dürfen Sie nicht, dazu haben Sie kein Recht! Niemand hat ein solches Recht, und niemand hat die Macht, das zu verlangen! Was ist, wenn ich tue, was Sie sagen, und damit todunglücklich werde?», erwidert Irma aufgebracht. – «Es darf nicht sein, dass eine Katholikin einen Protestanten heiratet. Mehr gibt es dazu nicht zu sagen.» Damit ist für Irma die Sache klar: Für sie ist die Kirche als moralische Instanz gestorben.

Wenig später reist sie ab – ohne ihren Verlobungsring. Dies aber nicht, weil sie die Verlobung aufgelöst hätte, wie es der Vater verlangte, sondern weil der Ring während ihres Aufenthalts in Schmerikon auf rätselhafte Weise verschwunden ist. Irma ist überzeugt, der Vater habe ihn an sich genommen, auch wenn sie sich nicht erklären kann, wie das hat geschehen können. Das Eingreifen einer höheren Macht kommt als Erklärung wohl nicht infrage, obwohl Irma später erfährt, dass ihre Eltern in der Kirche dafür beteten, dass diese Ehe nie geschlossen würde.

Brissago

Brissago, die kleine Ortschaft an der Grenze zu Italien, liegt am tiefsten Punkt der Schweiz, nur 197 Meter über dem Meeresspiegel, eingebettet zwischen dem Ufer des Lago Maggiore und den steilen Berghängen. Im ältesten Teil des Orts liegt die wunderschöne Kirche San Pietro e Paolo, umgeben von jahrhundertealten Zypressen. Die engen Gassen, die zum See hinunterführen, sind von vornehmen alten Herrschaftshäusern gesäumt; mit Gärten, in denen Zedern und Zitrusbäume gedeihen. Und die beiden Inseln mitten im intensiven Blau des Sees muten mit ihren botanischen Gärten wie ein irdisches Paradies an. Alles hier ist warm, sanft und lieblich.

Die Arbeit im Hotel hingegen ist alles andere als lieblich. Irma soll mit anderen Mädchen einen Schlafplatz in der Waschküche des Hotels teilen, und sie soll jeden Morgen beim Putzen der Zimmer die vollen Nachttöpfe der Hotelgäste leeren. Sie wehrt sich energisch und bekommt ein eigenes Zimmer, und sie muss sich auch nicht mehr um die Nachttöpfe kümmern, denn die Chefin merkt schnell, dass Irma tüchtig ist und zügig und exakt arbeitet. So zügig, dass ihr nach Erledigung aller Arbeiten genügend Zeit bleibt, um im See zu baden und die Umgebung zu erkunden. Eigentlich eine perfekte Sommerarbeitsstelle, wäre da nicht noch so einiges, was Irma nicht behagt: Unter den Angestellten herrscht eine merkwürdige, erotisch aufgeladene Stimmung, ständig werden anzügliche Bemerkungen gemacht, und die Paarkonstellationen wechseln alle paar Tage. Und zu guter Letzt beginnt der Geschäftsführer, Irma nachzustellen, was die Hotelbesitzerin mit Missfallen bemerkt und entsprechend kommentiert. Wieder hat Irma das Gefühl, eine völlig neue Welt betreten zu haben, aber es ist eine Welt – anders als jene auf der Coaz-Hütte –, die ihr nicht behagt. So romantisch die engen Gässchen von Brissago sind und so idyllisch die beiden Inseln wie grüne Smaragde im tiefblauen See liegen, so vulgär und allzu menschlich zeigt sich ihr das Leben hinter den Kulissen des Hotels. Das wird ganz bestimmt niemals ihre Welt sein, aber sie kann hier Erfahrungen sammeln und eine Menge über die Führung eines Gästebetriebs lernen.

Wie überall, wo Irma hinkommt, gibt es auch in Brissago bald den einen oder anderen jungen Mann, der sich für sie interessiert. Sie hat recht viel freie Zeit, ist hübsch und attraktiv, bald braun gebrannt und abends häufig unterwegs. Sie ist verlobt, aber sie ist erneut drauf und dran, sich doch ein wenig von einem hübschen Tessiner Burschen umgarnen zu lassen, denn sie ist hin- und hergerissen, geplagt von Zweifeln und Ängsten. Nicht, ob Hitta der richtige Mann für sie ist; daran zweifelt sie nicht. Aber sie ist erst 22 Jahre alt und hat Angst vor einer endgültigen Bindung. Auch ist sie unsicher, ob sie wirklich in Zukunft auf alle anderen jungen Männer, die ihren Weg kreuzen könnten, verzichten will. Die einzige Ehe, die sie aus der Nähe kennt, ist die ihrer Eltern. Wird sie Hitta gehorchen müssen wie die Mutter dem Vater? Wird Hitta, wie ihr Vater, alles kontrollieren und bestimmen wollen? Und wird sie die dem Vater eben erst abgerungene Freiheit nun schon wieder aufgeben müssen? Wird sie mit diesem einfachen Leben in den Bergen, fast ohne Geld, überhaupt zurechtkommen? Und mit den Tieren, die Hitta so wichtig sind? Sie hat doch gar keine Erfahrung mit Tieren. Will sie das alles wirklich? Sollte sie die Einwände der Eltern vielleicht doch nicht in den Wind schlagen? Eigentlich ist es doch sehr angenehm, sich von einem jungen Tessiner ein wenig anhimmeln und sich von ihm die schönsten Plätzchen am Lago Maggiore zeigen zu lassen, ohne irgendwelche Verpflichtungen.

Und so kommt es, dass Hitta häufig Briefe schreibt und Irma weniger häufig zurückschreibt.

An Frl. Irma Müller, Albergo Camelia, Brissago

Coaz, 15.7.62

Meine liebe Irma!

Noch schnell ein paar Zeilen, bevor ich schlafen gehe. Diesen Sonntag haben wir ziemlich Besuch gehabt. Heute Abend ist es ruhiger. Morgen muss ich nach Pontresina einkaufen gehen. Mutter hat alle Vorräte aufgebraucht. Übermorgen gehe ich mit zwei Touristen auf den Glüschaint.

So vergeht die Zeit im Nu, immer gibt es etwas. Selten schon war ich körperlich in so guter Verfassung wie zur Zeit. Ich mag laufen wie ein junger Hund. Dies kommt unter anderem vom seriösen Lebenswandel ...! Doch bin ich zufrieden so, habe gar nicht das Bedürfnis nach Vergnügen. Nur mit Dir möchte ich wieder einmal ausgehen.

Danke für Deinen Telefonanruf. Hoffentlich kannst Du mal zwei Tage freimachen. Wie gerne würde ich Dich wiedersehen. Wenn Du es gar zu streng hast, plage Dich nur nicht zu lange ab, packe zusammen und komm in die Coaz. Hier bist Du immer herzlich willkommen.

Manchmal habe ich auch den Moralischen, fühl mich so alleine, stelle mir vor, wie Du mit anderen ausgehst, dich vergnügst und lachst, während ich hier allein bin, in Eis und Stein. Oft stelle ich mir vor, wie Du so gegen zwei Uhr nachts nachhause kommst; Du warst irgendwo tanzen. Ich stehe auf und unter langsam verbleichenden Sternen, beim langsamen Dämmern des Tages steige ich den Bergen zu.

Doch wird auch diese Zeit vergehen, und für den Herbst habe ich den Kopf voller Pläne. Das können wir aber mündlich besprechen, wenn Du nach Pontresina kommst. Hoffentlich erhalte ich auch bald einen Brief von Dir. Werde diese Woche noch anläuten. Bis dahin wünsche ich Dir, liebe Irma, alles Gute, grüsse und küsse dich recht herzlich,

Dein Christian

Frl. Irma Müller, Albergo Camelia, Brissago

Coaz, 29.7.62

Meine liebe Irma!

Heute war ein wunderbar ruhiger Sonntag. Am frühen Morgen ist alles ausgeflogen. Ich bin nochmals ins Bett und habe geschlafen bis elf Uhr. Es hat mir gut getan und war auch nötig. Dann gab es ein gutes Mittagessen. Gegen Abend zog ich noch mit Bina [Hittas Maultier] und Arno ins Hotel [Roseg]. Leider ist mein Telefon kaputt, Du konntest mir nicht anläuten.

Gestern war ein herrliches Gewitter. Ich war mit Bina unterwegs. Wie hat es gekracht und geblitzt. Das schönste Feuerwerk. Arno heulte vor Angst. Ich habe sogar das Milchkesseli versteckt wegen Blitzschlag.

Am Samstag habe ich Dir etwas Süsses aus Pontresina geschickt. Hoffentlich schmeckt's.

Nun haben wir ja schon den 1. August. Wir werden wieder einen Holzstoss anzünden. Es wird sicher wieder schön, die Ruhe der Berge, das Mondlicht über dem Gletscher. So ohne Ansprache und Festerei ist es am schönsten. Am 1. August morgens gehe ich noch mit Gästen auf den Glüschaint. Das ist diesen Sommer ziemlich schwer. Der Gletscher ist unheimlich zerrissen. Mit einem Mann aus Brissago mache ich noch den Bianco. Auch mit Jack Neuhänsler und seiner Kletterschule könnte ich vierzehn Tage gehen. Doch Mutter ist dagegen. Sie ist nicht gerne so lange allein. Gestern war ich noch schnell in meinem Garten ob der Hütte. Die Edelweiss, der Türkenbund und eine wunderbare Alpenakelei blühen dort und lassen Dich grüssen. Vor der Hütte hat's die gelbe Arnika, den Hahnenfuss und die stahlblauen Eisenhüte. Volle, satte Farben, dahinter den wildzerfurchten Sellagletscher, den Roseg, die Linie des Bianco. Wieviel mal habe ich das schon gesehen, und ich würde nicht tauschen gegen alles Geld der Welt. Für mich war die Natur schon immer viel. Doch diesen Sommer empfinde ich sie besonders stark. Manchmal möchte ich so eine Blume in meine vereinsamten Hände nehmen.

Manchmal möchte ich abends alleine auf einem Gipfel stehen. Im letzten, sterbenden Licht. Wie würde die Ruhe sein, wie das Licht! Wohl tödlich, man käme nicht mehr herunter. Ich freue mich so auf den Herbst. Ich möchte dann mit Dir ein wenig wandern. In diesen milden, farbenprächtigen Herbsttagen. Ich möchte Dir zeigen, wie schön alles ist. Wir wollen in unserer Ehe Kameraden sein, Kameraden, die zusammenhalten, die die Schönheit der Erde sehen. Wir wollen einander etwas bieten, ich Dir und Du mir. Ich stelle mir immer vor, Du seist mir ein guter, fröhlicher Kamerad. Kamerad und Geliebte zugleich, auf die man sich verlassen kann. Ich glaube auch, dass ich Dir viel bieten kann. Nicht ein Auto und Fernsehen, dafür aber geistige Werte und Liebe. Die Frage ist nur, was Du bevorzugst. Lass Dich nicht beeinflussen durch Deine Umgebung, diese ist meistens leer und dumm.

Soeben scheint es wieder ein Gewitter zu geben, die ersten Donnerschläge krachen. Arno spitzt die Ohren. Es ist halb zehn Uhr. Mama ist schon schlafen gegangen.

Was ich noch schreiben möchte, ist die dumme Sache mit dem Ring. Das Beste ist, wenn ich Dich da selber machen lasse. Ich glaube, wenn Du fest willst, wird es Dir schon möglich sein, ihn wieder zu erhalten. Es ist ja kindisch und lachhaft, das Ganze. Ich habe es Deinem Vater auch geschrieben. Wahrscheinlich werden Deine Eltern, wenn sie zu Dir [nach Brissago] in die Ferien kommen, sehr freundlich sein und Dir alles bieten wollen. Alles, nur nicht den Ring. Diese Freundlichkeit ist aber falsch, und ich würde hart bleiben. Doch, ich glaube fest, dass Du den Ring wieder erhältst. Es würde mich mehr freuen, wenn Du ihn wieder erhältst, als wenn ich ihn holen müsste. Und das würde ich im Herbst, wenn ich nach Brissago komme, darauf kannst Du Dich verlassen.

So, nun ist das Gewitter in vollem Gange. Wie das leuchtet vor dem Küchenfenster!

Und wo wirst Du jetzt sein, liebe Irma? Was wirst Du jetzt wohl machen? Ich stelle mir Dein liebes Gesicht vor, Deine Hände, Deine Augen. Wie möchte ich bei dir sein, ganz nahe. Nicht hier alleine in der Coaz-Hütte schreiben. Man kann die Liebe nicht aufs Papier schreiben. Wie ich mich freue, auf Dich, auf den Herbst! Ich denke an Dich, wo immer Du seiest, ich liebe Dich!

Dein Christian

Frl. Irma Müller, Albergo Camelia, Brissago

Im August 1962

Meine liebe Irma!

Nun heult schon den ganzen Tag ein Südwind um die Hütte. Genau gleich wie damals, als Du und Signor Grivelli hier bei mir waren. Weisst du noch? Wie hat es gepfiffen übers Dach, gejault, durchs Kamin geblasen. Drei Tage lang. Wir haben Saharastaub geschaufelt, sind um den Herd gehockt, und Du hast Dir neben der Hütte die Toilette gebaut aus Schnee, nur für Damen. Leider musste die Toilette vor Gebrauch immer ausgeschaufelt werden, so hast du schlussendlich in die Büchse «gebiselt», wie Signor Grivelli auch. Das waren noch Zeiten!

Erinnerst Du Dich noch an die Märchenfahrt mit der Kutsche? Dieser frische, klare Morgen. Diese verschneiten, überzuckerten Lärchen und Föhren. Diese vereisten, glitzernden Bäche und Wasser. Die Spuren im Schnee. Die Gemsen, gleich neben uns, zum Greifen nahe. Dieser blaue Himmel, jagende Wolken, Sonnenstrahlen über Hang und Tal. An den Marsch zur Hütte, vorerst noch mit Sonne, dann kam der Wind auf. Die im Gegenlicht schimmernden Vorhänge aus gejagtem Schnee. Wie man kämpfen musste gegen den Wind, wie es den Atem fast vom Munde riss.

Ich schwelge ja in Erinnerung, lass mich, lass mich, dies ist alles, was bleibt. Dies bleibt dem Wanderer und Bergsteiger. Die Erinnerung an Vergängliches, an Schönes und Gutes. An den Sellapass, wie wir oben sassen, in der Sonne, auf dem Fels, den Blick nach Italien, ins dunstig verblauende Veltlin. An die wilden, weissen Bergamaskeralpen, an die schönste Disgrazia [Monte Disgrazia, 3678 m, höchster Gipfel der Bergeller Alpen]. Noch immer liegt meine Pfeife dort oben, wird wohl eine Bergdohle sie benutzen?

Weisst du noch, wie wir unsere Bögen zogen, im schönsten Pulverschnee? Ja, das klappte gut. Anders als vom Chapütschin. Dort waren es Spitzkehren, hin und her. Unser Bergkamerad von damals lässt dich übrigens grüssen. «Viele Grüsse an das Fräulein Braut», so sagte es der Schlappschwanz. Weisst Du noch die Isla Pers [Abfahrt von der Diavolezza über den Gletscher], dieser verzwickt steile, harte Hang? Dort gab es Tränen und ein Trotzköpflein beim Fräulein Braut. Ehrlich gesagt, ich habe unten gestanden und heimlich gelacht. Das Lachen musste ich verbeissen und hinaufbrüllen, sonst wärst Du jetzt noch dort.

Ja, und wie wir dann von der Hütte Abschied genommen haben. Wie war doch der Schnee faul. Nur noch die Ohren von Arno hat man gesehen. Das Wasser gluckste und rann überall. Vor dem Hotel [Roseg] war ich ein wenig voran und habe zurückgeschaut. Da sah ich Schnee und Schnee, und irgendwo im Schnee ein menschliches Hinterteil, und diese zwei schönen kleinen Buckel gehörten der Irma Müller. Und dann kamen ganz langsam noch zwei Arme dazu, dann zwei Beine, und nach langer, langer Zeit stand dann auch die Irma wieder. Doch der Ski stak im Schnee, ganz tief. Wie ein Maulwurf hat sie den gesucht. Ich stand unter einer Tanne, habe gelacht, die Tränen kugelten runter.

Und dann haben wir gegessen im Hotel. Ja, zuerst noch gebadet. Im Bad habe ich mit meiner herrlichen Stimme eine Oper von Verdi gesungen. Und dann kam die Nacht. Der matte Schein der Nachttischlampe, die Wärme Deines Körpers, der Geruch, den ich nie vergessen werde. Welch ein Glück, welch eine Liebe!

Und da schreibt so ein dummes, einfältiges Mädchen, wir wären nicht glücklich. Da schreibt so ein Mädchen, das bald heiraten will und Kinder erziehen (wahrscheinlich so viele wie möglich, damit es Seelen gibt), dass du mehr und mehr ins Verderben kommst. Nie hat sie über die Religion, die Seele nachgedacht, nie sich den Kopf zerbrochen über den Gang der Dinge, über Gott und Christus, nie in Gefahr geschwebt, nie den Tod oder die Liebe erlebt. Aber über andere Menschen richten, für andere beten, welch ein Grössenwahn und welche Dummheit zugleich [Hitta bezieht sich hier auf den Brief einer katholischen Freundin aus Schmerikon, die Irma eindringlich vor der Beziehung mit Hitta warnte]. Da gibt es Denker und Dichter, einen alten Mann in Afrika, den Albert Schweitzer, einen Einstein, da gibt es grosse, griechische Philosophen, unendlich weise Denker und Lebensdeuter in China und Indien, die alle haben umsonst sich gequält; haben umsonst gelitten, gekämpft, geweint, gestorben; umsonst, solange es noch blinde, dumme, einfältige Menschen gibt, wie es diese sind. Solange es Leute gibt, die meinen, sie haben den einzigen Glauben, ein Anrecht auf den Himmel. Da haben sie einmal den besten, gütigsten Menschen gequält und ans Kreuz genagelt, ein Mensch, der erklärte, dass alle Menschen gleich seien. Seine Lehre wurde verdreht, sein Tod war umsonst. Doch ich darf nicht böse werden, nein, ich muss Erbarmen haben, muss ruhig sein.

Ich bin ja glücklich, ich habe ja Dich, ich habe ja Liebe. Ich habe die Berge, die Sonne, die Blumen, ich höre die Lawinen krachen, den Wind heulen. Ich sah Menschen sterben in den Bergen, sah Menschen glücklich sein in den Bergen. Ich bin traurig, wenn Du nicht bei mir bist, bin niedergeschlagen, wenn Du nicht an mich denkst. Doch beides gehört zusammen, beides ist Leben. Ich kann über Dinge nachdenken, die andere nicht verstehen, kann lesen, was andere nicht können, verstehe etwas von Kunst, Literatur und Musik, bin frei, sehe die Schönheit unserer lieben, uralten Erde, unserer wundersamen Steine und Tiere und habe Dich und Deine Liebe, wie bin ich glücklich.

Und da ist die Zukunft, da ist der Winter, unser Zimmer, unser bescheidenes, kleines Glück. Unsere Abende zu zweit, wir können diskutieren, können lesen und zeichnen, können skifahren, können im tiefverschneiten Winterwald spazieren, können ausgehen, können uns lieben. Welch ein Glück. Und Kinder können wir haben, wir können sie richtig erziehen. Und immer wieder wird unsere grosse Liebe sein. Wie ich mich freue! Berge können wir zusammen besteigen, wandern und reisen. Was für ein reiches Leben.

Halt, halt, jetzt aber genug, schon bald fünf Seiten geschrieben. Aber es fliesst nur so aus der Feder (respektive Kugelschreiber, und erst noch rot). Der Wind hat ein wenig nachgelassen, ein Sonnenstrahl guckt aus Wolken.
Anbei schicke ich noch ein Bildchen, Cordula [das Töchterchen von Hittas Schwester Martha] hat es für dich gemalt. Ich finde es nett. Mama und Papa, der zur Zeit auch hier ist (er fühlt sich gross als Hüttenwart, raucht seine Pfeife, ist viel am Weinfass und erzählt den Leuten seine Heldentaten aus alter Zeit), lassen Dich grüssen. Ebenso Bina und Arno, ebenso alle Berge und schlussendlich auch Dein viel zu viel an Dich schreibender und denkender

Christian

Dass Irma längst nicht alle Briefe Hittas beantwortet und immer wieder lange schweigt, hat durchaus mit ihrer Angst vor einer endgültigen Bindung zu tun, aber wohl auch mit der Gefühlsintensität und dem sprachlichen Reichtum seiner Briefe. So kennt sie ihn nicht. Ruhig, schweigsam, so kennt sie Hitta. Und nun, wenn er schreibt, findet er diese wunderschönen Worte, um seiner Liebe zu ihr und zur Natur immer wieder aufs Neue Ausdruck zu geben, formuliert mit Leichtigkeit die Gedanken, die er sich macht; über sich selbst, über Irma, seine Vorstellungen von ihrer Ehe und der gemeinsamen Zukunft. Was könnte sie denn überhaupt darauf antworten? Schreiben ist nun wirklich nicht ihre Sache. Hitta spürt Irmas Unsicherheit und ihren Zwiespalt und fürchtet auch den Einfluss ihrer Familie und Freunde.

> [...] Entschuldige, wenn ich manchmal an Dir zweifle. Ich weiss, Du hast es nicht leicht mit Deinen Eltern! Doch glaub ich, manchmal fehlt es Dir auch ein wenig an Unternehmungslust, Überzeugung und Mut. Sei ehrlich; wie viel hat es gebraucht, Dich (im vergangenen Sommer) zu überreden, noch einen Tag länger bei mir zu bleiben, wie viel, Dich zu überzeugen, den Winter über wieder nach Arosa zu kommen. Mir alleine wäre es kaum gelungen, Marianne musste zu Hilfe kommen! Wie hat mich das geschmerzt!

Ihr zeitweiliges Schweigen verletzt ihn, und er vermutet – wohl zurecht –, dass die Geschichte mit dem verschwundenen Verlobungsring mit Irmas mangelnder Festigkeit zu tun haben muss. Wenn sie ihn nicht zurückfordert, wird er es tun, aber er wünscht sich, dass sie die Kraft und die Überzeugung aufbringt, es selbst zu tun und damit wirklich zu ihm zu stehen.

Coaz, 2. September 1962

Meine liebe Irma

[...] So danke ich Dir vielmal für Deinen Brief und Karte, beides hat mich sehr gefreut. Ja, sehr zufrieden bin ich mit Dir. Es ist doch viel netter, wenn man sich schreibt. Wie es eine Weile war, hat mir nicht mehr gefallen. Ich sagte mir, wenn die gute Irma schon jetzt so gleichgültig und lässig wird, wie kommt das erst nach ein paar Jahren. Dann gibt es diese Ehepaare, die wohl noch zusammenleben, aber sich nichts mehr zu sagen haben, gleichgültig nebeneinander leben. Schaue nur mal um Dich, Du wirst viele solche Ehen sehen. Auf so etwas verzichte ich aber, dann lebe ich lieber alleine. Ich weiss, manchmal fällt es vielleicht schwer, aber man muss sich Mühe geben. Dies ist letzten Endes wichtiger, als in die Kirche zu springen. Doch nun ist es ja in Ordnung. –

Sonntag ist heute, und was für herrliches Wetter. Noch eine Woche Coaz-Hütte, und schon ist die Zeit wieder vorbei. Wenn ich so zurückdenke, was habe ich nicht alles erlebt! Diese Gänge mit Bina und Arno ins Tal hinunter, im sanften Licht des Abends, in der Hitze des Mittags, am kühlen, frischen Morgen. Man spürt den Rhythmus der Natur, an den Blumen, Tannen und der Luft. Man sieht die ersten Anemonen, die ersten Enziane, noch neben dem Schnee. Dann die Alpenrosen und Erika: Hochsommer. Und schon geht's gegen den Herbst. Die Blumen verblühen, alles verwelkt, um im nächsten Jahr in voller Kraft wieder zu blühen. Man sieht den Schnee schmelzen, der Gletscher zieht sich zurück, alles verändert sich.
So erinnere ich mich zurück, an all die Leute, die hier waren, die netten und die andern. Oder an das Gewitter, als ich das Milchkesseli stehen liess und so schnell wie möglich zur Hütte eilte. An all die Gipfelstunden, auf dem Chapütschin, Glüschaint und Bernina, an die Granittürme im Bergell. Und an die eisige Wand, wo ich den anderen [einen Touristen, von dem Hitta Irma erzählt hatte] runterholte und ein riesiger, schwarzer Steinblock haarscharf neben mir in die Tiefe sauste. – An die gemütlichen Abende, aber auch an die weniger

gemütlichen mit Lärm und Nervosität. – An die Abendsonne, die alles vergoldet, an die Wolken über dem Sella, die Gemsen und Murmeltiere.

Ja, es war eine schöne Zeit, ein guter und reicher Sommer. Und dann war ja auch die Erinnerung an Dich, meine Liebe zu Dir, die Telephone und Briefe. Und dann konnte ich mir alles so gut vorausdenken, unsere schöne Zeit, die noch kommen wird. Und manchmal war ich ja auch verzweifelt und traurig, wenn die gute Irma keine Zeit für Brief und Anruf hatte. Aber das gehört wohl auch dazu. Und wenn ich dann schlaflos im Bett liege, würde ich am liebsten sofort zu Dir fahren, aber es geht nicht, ich muss liegen bleiben, allein bleiben mit der Einsamkeit, den Gedanken, bis dann der Morgen graut und der Wecker schrillt. Nun, Du wirst das kaum verstehen, doch wärest Du hier, ich in Brissago, Du würdest vielleicht erfahren, wie einsam man sein kann. Du würdest erfahren, wie sehr man auf Post warten kann, wie man sich über jede Kleinigkeit Gedanken macht und immer das Schlechte vermutet. So kann ich Dich nur bitten, mir nichts übel zu nehmen, und hie und da, wenn Du ausgehst, an mich zu denken.

Zu denken, dass ich ganz allein bin, nichts habe, nur Stille, die mich fast erdrückt, und die Gedanken an Dich.

Ich weiss, ich bin viel zu empfindlich und gefühlsvoll. Ich bin zu lieb, zu gut, und dies wird mir oft zum Verhängnis. Bitte nütze dies nicht aus! Ich weiss, dass wenn auch Deine Eltern, Deine Geschwister gegen mich sind, so bin ich doch ein Mensch, der weiss, was Liebe ist, und der Liebe geben kann. Ja, es tönt nach Überheblichkeit. Aber es ist so, ich weiss besser als Deine Eltern und Geschwister, was wahre Liebe und Güte ist. Bei ihnen ist es Religion, bei mir das gelebte Leben. Sie wollen damit in den Himmel kommen, für mich gibt es keinen. Sie wollen den Lohn dafür, ich habe Lohn genug, wenn ich etwas geben kann.

Der Brief Deiner Freundin [diesen Brief erwähnte Hitta bereits in seinen Zeilen im August], der stört mich nicht. Sie ist dumm, will Dir helfen und weiss nicht, dass wir ihr als Menschen weit überlegen sind. Als ich Dich kennenlernte, warst Du eigentlich wie sie, ich glaube, Du wärst genau so geworden. Nun, Du wirst selber gesehen haben, wie Du Dich geändert hast, und nicht zum Schlechten. Dieses Frühjahr warst Du richtig Mensch. Wie Du die Touren mitgemacht hast, wie Du alleine zur Coaz-Hütte gegangen bist, wie Du nach Ragaz gekommen bist, ich hatte die helle Freude an Dir.

Nun werde bitte nicht böse, aber gehst du weg über den Sommer, so wirst Du wieder wie früher. So war es letzten Herbst, doch so, hoffe ich, wird es diesen Herbst nicht sein. Denke daran, Du bist ein reifer Mensch, der Mensch, der liebt, der zu seiner Liebe steht, der diese Liebe auch zeigt. Bleibe so, wie Du dieses Frühjahr warst, und ich bin der glücklichste Mensch dieser Welt!

So, nun aber genug gepredigt. (Bin ja bald schlimmer als der Pfarrer von Schmerikon.) Eigentlich könnte ich ruhig noch ein paar Seiten schreiben, aber ich will Dich nicht langweilen, und ich will auch hart bleiben. Ein erfahrener Frauenkenner hat mir gesagt, man dürfe seine Liebe nicht zu viel zeigen, sonst ziehe man den Kürzeren. Nun, ich bin nicht ein erfahrener Frauenkenner, ich bin nur der Christian, der eine gewisse Irma Müller liebt, so schrecklich liebt, immer an sie denkt (viel zu viel) und sie in Gedanken tausendmal küsst und herzlich grüsst.

Christian

«Lass uns heiraten. Jetzt!»

So kommt es, dass Hitta eines Tages, Ende September, als seine Sehnsucht nach Irma zu gross wird und er wohl auch wissen möchte, woran er denn nun ist, kurzerhand die Hütte für den Winter schliesst und spontan nach Brissago reist, ohne sich vorher bei Irma anzumelden. Auf einer Wiese am Rande des Ortes schlägt er sein Zelt auf. Irma erschrickt, als er so unerwartet vor ihr steht. Ihr Herz setzt einen Schlag aus und beginnt dann, heftig zu klopfen. Verwirrt versucht sie, sich in ihrem Durcheinander von Gefühlen zurechtzufinden. Sie spürt eine unbändige Freude, aber sie ist auch irritiert, misstrauisch, ängstlich. Warum kommt er so überraschend? Will er sie etwa kontrollieren? Will er ihr Vorwürfe machen, weil sie so selten geschrieben hat? Aber all ihre Bedenken und Ängste zerstreuen sich im Nu, als sie wagt, ihm ins Gesicht zu sehen. Seine Augen sagen alles. Er ist einzig und allein gekommen, weil er sie liebt, weil er sie vermisst, weil er sie um keinen Preis verlieren möchte. Und eine lange, innige Umarmung später ist es klar: Ja, sie will Hitta heiraten. In den folgenden zwei Tagen besprechen die beiden alle Einzelheiten. Irmas Arbeitsvertrag in Brissago läuft Ende Oktober aus, und am 10. November soll die Hochzeit sein. Hitta wird sich um alle Formalitäten kümmern.

Arosa, 9.10.1962

Meine liebe Irma!

Nun schicke ich Dir die paar Foti aus Brissago. Leider sind es nicht viele, ein paar Souvenirs. Doch sehe ich auch hier wieder, was für ein nettes, schönes Mädchen Du bist ...

Ja, schon bin ich wieder ein paar Tage in Arosa und habe schrecklich lange Zeit nach Dir. Wenn nur die Tage schnell verfliegen und Du endlich nach Arosa kommst für immer, wie werde ich glücklich sein. Du glaubst nicht, was das alles für mich bedeutet, wie ich Dich gerne habe. Und wenn ich Dich in Brissago manchmal aufgeregt habe, bitte entschuldige dies, es war nicht so gemeint. Doch denke ich noch oft an die Ferien zurück, an alles Schöne und Gute und an Deine Liebe, die Du mir schenktest.

Hier in Arosa ist noch alles beim Alten. Hie und da sitze ich in der Vetterbar, gehe mit dem Hund spazieren (und dressiere ihn, endlich!), auch ins Kino gehe ich oft. Dienstag und Freitag wird geturnt, donnerstags geht's in die Sauna. Der Mutter muss ich Holz hacken, ja, und die meiste Zeit denke ich an Dich und warte und warte!!

Mit dem Zimmer ist es nun Gott sei Dank in Ordnung, hoffentlich gefällt es Dir. Ich werde es so nett wie möglich einrichten.

Und wenn endlich der Zug von Chur nach Arosa kommt und meine Irma drinsitzt, dann werde ich einen Riesen Blumenstrauss nehmen, auf den Bahnhof kommen und der glücklichste Mann in ganz Arosa sein. Ich will immer lieb und nett sein, Du sollst mit mir zufrieden sein und eine glückliche Frau werden. Wenn es mal nicht klappt, was vorkommt, dann halten wir uns an unsere Abmachung, der Schuldige muss ein Geschenk geben. Ich weiss nun, dass Zusammenleben Pflichten und Opfer verlangt, dass es nicht so einfach ist, dass man sich Mühe geben muss. Ich glaube, heiraten heisst, zusammen etwas Neues erschaffen, was grösser ist, als beide sind, die es tun. Du musst mir dabei auch helfen, Du sollst an unsere Zukunft glauben, Du sollst an mich glauben, wie ich es auch bei Dir muss.

Für heute werde ich nun schliessen, damit Du den Brief schnell erhältst. Am liebsten möchte ich mit diesem Brief zu Dir nach Brissago reisen, so kann ich Dir nur tausend Grüsse und Küsse senden und Dir schreiben, wie sehr ich Dich liebe.

Dein Christian

PS: Bitte, bitte komm so schnell wie möglich, ich habe so Sehnsucht nach Dir.

Arosa, 11.10.1962

Meine liebe Irma!

Heute war ich auf der Gemeinde und habe mich wegen dem Heiraten erkundigt. Die Sache geht nun folgendermassen. Wir können uns auch anmelden, solange du noch in Brissago bist. Du musst auf die Gemeinde gehen und eine Erklärung anfertigen lassen, dass du mich heiraten willst, eine sog.

Eheerklärung. Diese musst du mir senden, ich gehe damit auf die Gemeinde und melde mich an. Für diese Eheerklärung brauchst Du aber noch zwei Schriften, den Ledigkeitsausweis und den Geburtsschein. Diese beiden bekommst du von deiner Bürgergemeinde, also Schmerikon. Diese Schriften brauchst Du so oder so, ob wir uns beide hier anmelden oder getrennt …

Dein Christian

15.10.62 (Postkarte, Bild: Restaurant Bahnhof Litzirüti bei Arosa)

Liebe Irma! Soeben hier unten das Hochzeitsessen besprochen. Es gibt ganz eine originelle Sache. Hoffentlich bist Du mit allem einverstanden. Viele Grüsse und Küsse, Dein Christian

Arosa, 25.10.1962

Meine liebe Irma

Hier noch ein paar Zeilen von mir. Es werden bald die letzten sein. Gut so, viel lieber rede ich mit Dir mündlich. Noch eine Woche, ach, wie ich mich freue. Wie wird alles herrlich werden. Auch habe ich so Freude gehabt an Dir, das Geschenk, das Du mir geschickt hast, dass du schnell nach Arosa kommst, dass du auch an mich denkst. Vielen, vielen Dank für alles!
Ich will mir auch Mühe geben, Dir all meine Liebe schenken. Wir werden bestimmt glücklich sein.

Also nochmals viele liebe Grüsse und Küsse und alles Gute für die letzte Woche.

Dein Christian

Auf der Rückreise von Brissago nach Arosa besucht Irma die Eltern, um ihnen die Hochzeit anzukündigen und sie zum Fest einzuladen. Die katholische Trauung wird im Kirchlein Maladers stattfinden. Für Hitta ist es kein Problem, Irmas Eltern zuliebe katholisch zu heiraten, und auch der dortige Priester ist bereit, eine Katholikin mit einem Protestanten zu trauen. Irmas und Hittas engste Familienangehörige sowie all ihre Freunde sind eingeladen. Ihre Aroser Freunde Marianne und Peter werden Trauzeugen sein. Irma erzählt den Eltern auch von dem wunderschönen, grünen Seidenkleid, das sie sich im vorigen Winter geschneidert hat und nun zur Hochzeit tragen will, denn Hitta und sie müssen ihre Ausgaben sorgfältig planen, und zudem gefällt ihr die Vorstellung, in einem grünen Kleid zu heiraten. Die Eltern jedoch teilen Irma in wenigen Worten mit, dass sie nicht an dieser Hochzeit teilnehmen werden, und Irma reist ab; verärgert, enttäuscht und mit wehem Herz.

In Arosa wird Irma von einem überglücklichen Hitta mit dem bereits angekündigten Rosenstrauss am Bahnhof empfangen und in das möblierte Zimmer geführt, das er für sie beide für den Winter gemietet hat. Eine Woche später erhält Irma zu ihrer grossen Überraschung und Erleichterung einen Anruf ihrer Mutter. Der Vater habe es sich noch einmal überlegt, und sie würden nun doch zur Hochzeit kommen, allerdings nur unter der Bedingung, dass Irma ein weisses Hochzeitskleid trage. Ohne zu zögern, fährt Irma mit dem Zug nach Chur und kauft sich dort ein hochgeschlossenes, das Knie bedeckendes Brautkleid mit Dreiviertelärmeln. Dazu ein kleines Blumenkränzchen, an dem ein kurzer Schleier befestigt ist, weisse Handschuhe und hochhackige, weisse Schuhe. Sie wird eine perfekte Braut sein, genau so, wie es sich die Eltern wünschen. Es ist nicht der Moment, sich gegen die Vorstellungen der Eltern aufzulehnen und sie vor den Kopf zu stossen; alles, was jetzt zählt für Irma, ist, die Eltern am Hochzeitstag bei sich zu haben und auch sie an ihrer Freude und ihrem Glück teilhaben zu lassen, selbst wenn sie ihren Segen nicht bekommen kann.

Die Hochzeit

Der 10. November 1962 ist ein goldener Spätherbsttag. Die weissgetünchte Fassade der St.-Antonius-Kapelle auf dem Hügel bei Maladers leuchtet im Sonnenlicht, und das schwarze Zwiebeltürmchen auf dem steilen Kirchendach, mit dem fein ziselierten, eisernen Kreuz auf der Spitze, ragt in einen tiefblauen Himmel. Die alte Linde neben der Kirche scheint nur darauf zu warten, endlich ihren Schatz an goldgelben Blättern auf eine Goldmarie hinunterregnen zu lassen. Die Hochzeitsgesellschaft sitzt bereits in der Kirche; in der vordersten Bank die beiden Elternpaare, direkt hinter ihnen Hittas Schwester Martha mit Mann und Kindern, Irmas Schwester Hedi mit Ehemann, Schwester Ursula und die Brüder Ernst und Jakob. Und dann Hittas und Irmas zahlreiche gemeinsame Freunde aus Arosa. Alle warten. Ein leises Murmeln füllt den Raum. Vor der geöffneten Kirchentüre warten die Trauzeugen und Hitta auf Irma. Sie ist so nervös, dass sie in letzter Minute dringend nochmals musste. So schnell sie konnte, rannte sie in ihren hochhackigen, weissen Schuhen durch das Gras, hockte sich in einem versteckten Winkel hinter dem Kirchlein nieder, blickte hoch – direkt in die Augen des Pfarrers, der aus einem kleinen Fenster noch einmal in die schöne Natur schaute, um sich zu sammeln, und sich dann schmunzelnd wegdrehte. Kurz darauf trifft Irma mit hochroten Wangen wieder vor der Kirche ein, nimmt von Marianne das Brautbouquet mit den rosa Rosen entgegen, ergreift Hittas Arm und schreitet so würdig als möglich zum Altar. Es ist eine schöne Feier; es wird gepredigt, gesungen und gebetet und dann aufmerksam gelauscht, um nicht das Ja des Brautpaars zu verpassen. Hier und dort wird eine kleine Träne weggewischt, sogar die strenge Miene von Irmas Vater hellt sich allmählich etwas auf, und schon treten Irma und Hitta als Mann und Frau, Herr und Frau Clavadetscher, in den strahlenden Herbsttag hinaus.

Irma ist sich jetzt ganz sicher, dass sie das Richtige getan hat, und sie ist zufrieden und stolz, dass sie diesen Schritt auch ohne die Zustimmung der Eltern gewagt hat.

Vor der Kirche haben sich bereits die Dorfkinder versammelt und warten auf die farbigen «Füürschtei», die Zuckerbonbons, die Brautpaare nach altem Brauch den Kindern zuwerfen. Nach den obligaten Gratulationen und Fotos teilt sich die Hochzeitsgesellschaft auf, um in einigen Privatautos nach Flims zu einem zünftigen Zvieri zu fahren. Gegen Abend geht es zurück ins «Schanfigg», ins Restaurant Bahnhof in Litzirüti bei Arosa. Dort warten eine urchige Ländlermusikkapelle und das Hochzeitsmenü auf die Gäste. Hitta hat die einzelnen Speisen nicht nur sorgfältig zusammenstellen lassen, er gab ihnen auch fantasievolle und persönliche Namen.

Hochzeits Menu

Herr Christian Clavadetscher und Fräulein Irma Müller

***

COLANIS LEIBSPEISE
(Bündner Teller)

BRATEN VOM BRAETSCHWALD HUERNI MIT COAZER MEHLBÄNDEL
(Glacierter Hirschbraten mit Eiernüdeli)

***

PAUSE (Trink jetzt kein Coca Cola!)

FIRNEIS VOM PIZ BERNINA
(Früchtekorb)

WENGERNALP PLATTE
(Käse vom Fuss der Jungfrau)

***

Je fortgeschrittener der Abend, umso fröhlicher und ausgelassener ist die Stimmung. Das Essen war ausgezeichnet, die jungen Leute überbieten sich mit Witzen und Gelächter, und es wird fleissig getanzt. Sogar die beiden Elternpaare wagen sich aufs Parkett. Hittas Eltern strahlen, wenn sie ihren Sohn und ihre Schwiegertochter ansehen. Sie waren vom ersten Augenblick an angetan von Irma. Ihnen war sofort klar, dass dieses Mädchen zupacken kann. Und was für eine reizende Erscheinung! Eine bessere Schwiegertochter können sich Eltern gar nicht wünschen. Und Irmas Eltern, vor allem der Vater, müssen wohl erste Korrekturen an ihrem Bild von Hitta anbringen. Mindestens äusserlich entspricht auch er an diesem Tag vollumfänglich den Vorstellungen seiner Schwiegereltern: das dunkle Haar perfekt geschnitten, ein schneeweisses Hemd mit silberner Krawatte, ein schwarzer Anzug und blitzblank geputzte, schwarze Schuhe. Die Mutter bemerkt sehr wohl auch die dunklen, blitzenden Augen, das ansteckende Lachen im gebräunten Gesicht, und es mag sein, dass sie an diesem Abend wenigstens ansatzweise die Wahl ihrer Tochter zu billigen beginnt.

Als die Eltern nach Mitternacht Abschied nehmen, ist die Stimmung ein gutes Stück weniger frostig als zwei Wochen zuvor in Schmerikon. Irma erinnert sich, dass es nach der Hochzeit noch eine Weile dauerte, bis sich ihr Verhältnis zu den Eltern normalisierte und sie sich wieder näherkamen. Aber je besser sie Hitta kennenlernten, umso eher konnten sie ihn akzeptieren, bis sie ihn nach Jahren schliesslich ganz ins Herz schlossen. Hitta machte es ihnen leicht; ein Stück weit konnte er sogar die Vorbehalte des Schwiegervaters ihm gegenüber nachvollziehen, und er verzieh ihm grosszügig den groben Empfang und die anfängliche Ablehnung. Der auf rätselhafte Weise verschwundene Ring war rechtzeitig zur Trauung wieder aufgetaucht, wie und wo genau, daran kann sich Irma fast sechzig Jahre später nicht mehr erinnern.

Zurück zum Hochzeitsfest: Die Musik spielt, die Freunde und Geschwister tanzen, als wollten sie nie mehr aufhören, nur Irma und Hitta werden müde. Es war ein grosser Tag. Sie verabschieden sich trotz lautem Protest der Freunde und freuen sich auf ihr Zuhause, auch wenn es nur ein möbliertes Zimmer ist. Die Nacht ist sternenklar und kalt. Sie sind froh, als sie endlich vor dem Haus stehen, in dem sich ihr Zimmer befindet. Hitta schaut Irma an. «Warum schliesst du nicht auf?» – «Ich? Wieso ich? Ich habe den Schlüssel nicht. Du hast ihn.» – «Ich? Nein. Ich dachte, du hast ihn.» – Und so verbringen sie den Rest ihrer Hochzeitsnacht schlotternd auf den steinernen Stufen vor dem Haus, denn es wäre ihnen zu peinlich, morgens um drei Uhr einen der anderen Bewohner oder gar die Vermieterin durch lautes Rufen oder Klingeln zu wecken. Glücklicherweise hat einer der Hausbewohner, der in einer Hotelküche arbeitet, Frühschicht, sodass sie kurz vor sechs Uhr endlich in ein warmes Bett kriechen können.

Der Ehestand

Das möblierte Zimmer bleibt für ein halbes Jahr das Zuhause der Neuvermählten. Für eine Hochzeitsreise haben sie weder Zeit noch

Geld. Hitta beendet in den kommenden Wochen und Monaten seine Bergführerausbildung und fährt für die letzten Kurse kurz nach der Hochzeit ins Engadin. Irma, die keine Lust hat, ins Schneideratelier zurückzukehren, nimmt ab Mitte Dezember eine Stelle als Verkäuferin im Sporthaus Sprecher an. Zuvor aber will sie die freie Zeit nutzen, um ihre Skitechnik zu verbessern. Mutig meldet sie sich gleich für eine ganze Woche in der obersten Klasse in der Skischule an und ist nicht begeistert, festzustellen, dass ausgerechnet diese von Krüll, einem Bekannten von ihr und Hitta, unterrichtet wird. Krüll ist ein ausgezeichneter Skilehrer, aber ansonsten etwa so, wie sich ein Stadtmensch einen Hinterwäldler vorstellt: knorzig und verbohrt. Und er hatte immer schon eine Schwäche für Irma.

Warum sie ihn trotz allem an einem Spätnachmittag auf einen Tee in ihr Zimmer einlädt, sei dahingestellt; daraus entwickelt sich jedenfalls eine Situation, durch die sie ihren Ehemann besser kennenlernt. Hitta kommt früher als erwartet nach Hause und trifft Irma bei ihrem Teekränzchen mit Krüll an. Sie erschrickt. Was wird er denken: Kaum verheiratet, und schon empfängt sie fremde Männer in seiner Abwesenheit! Hitta verzieht keine Miene. Als Krüll schliesslich abzieht, erwartet sie Unverständnis, Vorwürfe, Anschuldigungen. Hitta sagt kein Wort und packt seelenruhig seinen Rucksack aus. Jetzt hält es Irma nicht länger aus; sie beginnt zu erklären, zu begründen und zu beschwichtigen. Hitta blickt sie erstaunt an: «Du brauchst dich doch nicht zu rechtfertigen», meint er. «Du bist ein freier Mensch. Du allein entscheidest, was du tust und was du nicht tust. Du allein trägst die Verantwortung dafür. Ausserdem liebe ich dich und vertraue dir.» Irma kann es kaum fassen. Welche Erleichterung, welche Offenbarung! Da ist sie nun verheiratet – und dennoch frei. Ihr Mann denkt nicht einmal daran, sie einzuschränken, zu kontrollieren, ihre Freiheit zu beschneiden. Wie gerne will auch sie ihm seine Freiheit und die Verantwortung für sein eigenes Tun lassen. Vielleicht ist dies der Moment, in dem sie beschliesst, Christian immer Hitta oder Hitch zu nennen und niemals von «meinem Mann» zu sprechen.

Christian Clavadetscher und
Irma Müller heiraten am
10. November 1962 in
der St.-Antonius-Kapelle in
Maladers.

Leben auf der Coaz-Hütte

«Ich bin an einem See aufgewachsen. Das Wasser war mein Element. Und nun war ich bis über beide Ohren verliebt in einen Bergführer und Skilehrer.»

Ankunft

Der 4. April 1963 ist Irmas letzter Arbeitstag im Sporthaus Sprecher. Hitta hat seine Ausbildungen abgeschlossen und ist nun diplomierter Bergführer des Schweizer Bergführerverbands und Inhaber des Bündner Skilehrerpatents. Von Frühling bis Ende Sommer wird er offiziell die Coaz-Hütte führen und im Winter als Skilehrer arbeiten. Für das junge Ehepaar beginnt ein neuer, ungewisser Lebensabschnitt. Es heisst Abschied nehmen von Arosa. Von der Plessur ziehen die beiden an den Inn, wo der Hüttenchef des Schweizer Alpen-Clubs

(SAC) ihnen für den Herbst bereits eine Wohnung vermittelt hat: «A l'En, Am Inn, Samedan» heisst ihre neue Adresse. Irma fällt der Abschied von Arosa nicht schwer. Im Laufe der Zeit hat sie die Lage von Arosa zuhinterst im Tal zunehmend als beengend empfunden. Was ursprünglich Geborgenheit mitten in der rauen Bergwelt bedeutete, ist immer mehr dem Gefühl gewichen, in einem «Kessel» gefangen zu sein. Sie glaubt auch, beobachten zu können, dass die Beschaffenheit des Tals sich auf die Beziehungen ihrer verheirateten Freunde auswirkt und diese sich eingesperrt und eingeengt fühlen durch die unvermeidbare Nähe. Wie anders ist da das Engadin, vor allem das weite Oberengadin mit seinen Seen, von wo man in weniger als einer Stunde nach Chiavenna und in zwei Stunden an den Lago di Como in Italien reisen kann. Und wenn man dem Inn Richtung Nordosten ins schmalere Unterengadin und noch weiter folgt, gelangt man an die Donau und schliesslich zum Schwarzen Meer. Im Engadin ist man gewissermassen direkt mit der grossen Welt verbunden.

Am 10. April, einige Tage vor Ostern, tritt das junge Ehepaar Cladetscher die Arbeit als Hüttenwarte der Chamanna Coaz an. Sie ist eine von 153 Hütten in den Schweizer Alpen, die dem SAC gehören, benannt nach Johann Coaz, der 1850 als Erster den Piz Bernina bestieg. Sie liegt auf 2385 Metern, wurde 1926 erbaut und 1949 durch einen Winterraum erweitert, sodass sie nun auf einer Grundfläche von rund neunzig Quadratmetern auf zwei Stockwerken Platz für maximal 35 Personen bietet. Beleuchtet wird die Hütte mit Gaslampen, gekocht wird auf einem Holzherd, und einige Meter von der Hütte entfernt, auf einem kleinen Absatz, ist eine gefasste, gut isolierte Quelle, die über einen Wasserhahn fliessendes Wasser in einen Brunnen vor die Hütte und sogar direkt in die Küche liefert. Neben der Hütte, etwas tiefer gelegen, befindet sich ein Plumpsklo. Vor ungefähr zwölf Jahren sind als Folge des Rückzugs des Roseggletschers erstmals Hangabsenkungen am Standort der Hütte festgestellt worden, und inzwischen ist es nötig geworden, die Hütte mit Drahtseilen gegen das Abrutschen zu sichern.

Als Irma und Hitta mit dem Schäferhund Arno an diesem strahlend sonnigen Apriltag in Pontresina aus dem Zug steigen und auf einer Höhe von 1770 Metern ins Val Roseg einbiegen, ist das Tal noch tief verschneit und unberührt. Es gibt weder einen Weg noch eine Skispur. Sie montieren die Steigfelle an ihre Skier, und Hitta legt eine Spur in den Schnee, in der ihm Irma leichter folgen kann. Nach kaum zehn Minuten haben sie den Lärm von Bahnhof und Strasse bereits weit hinter sich gelassen. Kein Traktor, kein Pferdefuhrwerk und auch keine menschlichen Stimmen brechen die tiefe Stille im Tal. Langsam und stetig gehen sie durch den lockeren Lärchen- und Arvenwald und folgen dem noch vollständig zugefrorenen Fluss talaufwärts. Irma glaubt, aus der realen Welt hinaus in ein Wintermärchenland, getragen von einer Ruhe und Schönheit, einzutreten, das sich jeden Moment in Nichts auflösen und verschwinden könnte. Ab und zu huscht ein Eichhörnchen vorbei, dann hüpfen in einer Lärche nahe ihrer Spur einige kleine, grau-weiss-schwarze Alpenmeisen von Ast zu Ast. Wenig später weist Hitta auf einen Gimpel, der mit seiner zart-orangen Brust einen Farbfleck in das Schwarz-Weiss des Tals zaubert. Der Winter war hart für die kleinen Singvögel, und längst nicht alle haben ihn überlebt.

Nach einer guten Stunde weitet sich das Tal zu einer Ebene, und sie erreichen ein kleines Gebäude, das Hotel Roseg, wo sich Wanderer im Sommer ausruhen oder Berggänger manchmal im Matratzenlager übernachten, bevor sie sich auf das letzte Wegstück zur Coaz- oder zur Tschierva-Hütte machen. Jetzt liegt das Haus noch im Winterschlaf. Irma und Hitta machen dennoch eine kurze Rast auf der Terrasse und geniessen Brot, Käse und Salsiz und einen Schluck Veltliner aus dem Rucksack. Ein kleines Fläschchen Rotwein gehört für Hitta immer ins Überlebensset. Dann spuren sie gemächlich weiter, den noch zugefrorenen Lej da Vadret entlang, bis auf eine Höhe von etwas mehr als 2000 Metern, wo sie den Gletscher überqueren. Als sie nun beginnen, den Moränenhang emporzusteigen, wird es sehr anstrengend, vor allem für Irma. Die Moräne ist so steil, dass sie nur im Zickzack, mit vielen Spitzkehren, überwunden werden kann, und obwohl Irma im vergangenen Winter in Arosa in der Skischule viel gelernt hat, ist sie mit Spitzkehren im Tiefschnee, in steilem Gelände und mit einem Rucksack am Rücken, bis aufs Äusserste gefordert. Hitta scheint keine Bedenken zu haben, sie könnte dem steilen Hang nicht gewachsen sein. Er steigt bedächtig und stetig bergan, nur Arno blafft ab und zu und wartet kurz, wenn Irma nach einer wackligen Spitzkehre einen Moment stehen bleibt, bis sich ihr Puls etwas beruhigt hat.

Nach scheinbar unendlich vielen Spitzkehren macht sich Erschöpfung bemerkbar, und sie würde sich am liebsten hinsetzen und losheulen, aber sie weiss, sie hat keine Wahl, sie muss hoch. Hitta hat sie so gut wie möglich entlastet, ihr Rucksack ist weit weniger schwer als seiner. Trotzdem scheint er ihr von Minute zu Minute schwerer zu werden. Keuchend und schwitzend quält sie sich die letzten Meter hoch, bis sie – endlich! – die Hütte sieht und sogleich alles vergisst: die Druckstellen der Rucksackriemen, die zitternden Beine, die Erschöpfung. Die Schönheit der Berge und die Stille hier oben sind jetzt, da eine Schneedecke alle scharfen Formen weich und sanft erscheinen lässt, noch eindrücklicher als im Sommer. Und da sie die einzigen Menschen weit und breit sind, wirkt diese ganze Pracht wie allein für sie beide ausgebreitet.

Hitta lässt Irma nicht viel Zeit zum Staunen. Sie sind beide nass geschwitzt und müssen an die Wärme, denn der Nachmittag ist inzwischen fortgeschritten, und es ist sehr kalt hier oben. Schnell schaufelt er den Weg zur Hütte frei und heizt den Ofen ein, denn auch drinnen ist es eiskalt und ungemütlich. Dann setzt er eine Pfanne voll Schnee für eine heisse Suppe und einen Tee auf. Morgen müssen sie erst den Weg zur Quelle ausschaufeln und sie freilegen, damit sie Wasser in der Hütte haben. Ein grosszügiger Holzvorrat und Gasflaschen sind vorhanden, dafür hat Hitta vor seiner Abreise von der Hütte Ende September gesorgt. Fröstelnd ziehen sie trockene Kleidung aus dem Rucksack, hängen ihre feuchten Sachen an eine Leine über dem Holzofen, und schon bald beginnt sich in der kleinen Küche eine angenehme Wärme auszubreiten.

Draussen dämmert es, und während nur noch die Gipfel des Glüschaint und der Sellagruppe von der untergehenden Sonne mit einem Hauch rosigen Lichts überzogen werden, zeigen sich bereits erste funkelnde Sterne am klaren, kalten Himmel. Irma bückt sich, um aus dem kleinen Fenster zu schauen, und stellt fest, dass die Realität da draussen bei Weitem alles übertrifft, was sie je an Abendstimmungen im Gebirge auf Bildern oder in Filmen gesehen hat.

Hitta hat inzwischen die Gaslampe angezündet und Brot, Käse und heissen Tee auf das kleine Tischchen gestellt, an dem gerade genug Platz ist für zwei. Die dampfende Fertigsuppe schmeckt köstlich. Hitta erhebt den Teebecher, schaut Irma an und sagt: «Auf uns.» – «Auf uns – und unsere Hütte», ergänzt Irma und schaut sich um. Die Hütte ist wirklich unglaublich einfach. Eine winzig kleine Küche mit einem winzigen Abwaschtrog, eine kleine Stube, gegenüber der Raum, der für SAC-Mitglieder reserviert ist, und oben das Matratzenlager. Aber alles hier ist urtümlich, echt. Da gibt es nichts, was nicht einem Zweck dient. Das gefällt ihr.

Es ist so still in der Hütte, dass sie das leise Zischen der Gaslampe und das Knistern des Feuers im Holzofen hören. Lange sitzen sie dicht beieinander und lauschen der Stille. Hitta schaut Irma an und denkt: Endlich ist sie hier, meine Loreley vom Zürichsee! Und Irma schaut Hitta an und schickt – für einmal ganz inbrünstig – ein stilles Gebet zum Himmel: Danke, dass ich in dieser Hütte gelandet bin, mit Hitta!

Dass die folgende Nacht nicht ganz so romantisch wird, wie es diese Szene vermuten lassen könnte, überrascht und erschreckt Hitta weniger als Irma. Er hat die leise raschelnden und kratzenden Geräusche, die vom Knistern des Feuers weitgehend übertönt wurden, sehr wohl wahrgenommen und weiss, was sie bedeuten. Als sie deshalb ihr Zimmer oben in der Hütte beziehen, entwischt ihm nur ein kleiner Ausruf des Ärgers, während Irma entsetzt Luft holt: Es stinkt, und überall, auf dem Boden, den Kissen, den Decken, liegen kleine, schwarze Mäusekothäufchen. Da der Platz in der Hütte sehr beschränkt ist, dient das Hüttenwartzimmer gleichzeitig als Vorratskammer für Reis, Teigwaren, Zucker und Büchsenprodukte. Ein Schlaraffenland für Mäuse. Leise fluchend putzen Hitta und Irma das Zimmer und ersetzen so weit als möglich die Bettwäsche. Kaum haben sie ihre Köpfe aufs Kissen gelegt, sind sie auch schon eingeschlafen. Gut, dass Irma nicht weiss, dass sie zwei Monate später, nach dem ersten Tag der Sommersaison, genauso todmüde ins Bett sinken und – kaum eingeschlafen – mit einem Schrei wieder hochfahren wird, um dann Hittas schläfrige Stimme zu hören: «Ist dir eine Maus über den Kopf gelaufen? Zieh einfach eine Mütze an, dann stört es dich weniger.»

Im hellen Tageslicht des nächsten Morgens zeigen sich auch in der Küche Spuren von Mäusen, also ist da ebenfalls Putzen angesagt. Vor allem Geschirr und Gläser, die in offenen Gestellen aufbewahrt werden, müssen gewaschen werden. Während Hitta den Weg zur Quelle und zum Plumpsklo freischaufelt, putzt Irma die Küche. Bei ihrem anschliessenden ersten Gang aufs Plumpsklo in der hellen Morgensonne vergisst sie den Mäuseärger, als sie feststellt, dass man die obere Hälfte der Türe öffnen kann und dann, vom Klo aus, einen einmaligen Ausblick auf den Biancograt geniesst. Und sie lacht laut, als sie merkt, dass der rote Zeiger an der Felswand gleich oberhalb des Klos mit dem Klodeckel verbunden ist. Hebt man den Deckel, bewegt sich der Zeiger auf «Besetzt», senkt man ihn wieder, bewegt er sich auf «Frei».

Für die Ostertage erwarten sie einige wenige Skitourenfahrer, und falls das Wetter so schön bleibt, wird Hitta sie auf eine Tour begleiten. Irma muss sich also möglichst schnell mit dem Holzherd vertraut machen. Hitta erklärt ihr, dass die meisten Gäste ihr eigenes Essen mitbringen werden und von Irma höchstens eine Suppe oder einen Tee erwarten. Aber auch um Wasser zu erhitzen, muss man mit dem Holzherd umgehen können. Das ist am Anfang gar nicht so einfach. Und sie ist froh, dass Hitta ihr alles geduldig zeigt und erklärt.

Noch kann sich Irma nicht vorstellen, dass das Kochen auf dem Holzherd bald ihre Leidenschaft sein wird und sie am liebsten auch zu Hause im Tal, in Samedan, einen Holzherd hätte. Wie so vieles, ist auch das eine reine Übungssache, und Irma beherrscht ihren Herd bald: Vor dem Schlafengehen drei Briketts reinschieben, sich am Morgen darüber freuen, dass da immer noch ein wenig Glut ist, ein paar Holzscheite nachschieben, und schon hat man, eins, zwei, drei, heisses Wasser. Und egal, was man kocht, ob Rösti, Omeletten oder Spaghettisauce: Alles schmeckt ganz einfach besser! Jahre später, wenn Irma längst geradezu berühmt ist für ihre exzellente Hüttenküche, kommen manchmal Spaziergänger von der Fuorcla Surlej, nur um auf Irmas Terrasse Spiegeleier mit Rösti und Speck zu essen. Irmas wunderbar knusprige Rösti, frisch zubereitet aus frisch gekochten Kartoffeln, sei einfach die beste! Man spüre sofort den Unterschied zu dem, was man sonst so serviert bekomme. Nur wenigen Eingeweihten wird Irma verraten, wie frisch ihre Rösti tatsächlich ist. Jedes Mal, wenn sie eine Rösti brät, schneidet sie einen frischen Beutel auf; einen von den Hunderten, die sie im Supermarkt einkauft. Aber – und davon ist sie überzeugt – der Holzherd und die Höhenluft machen den Unterschied!

Einer der Berggänger, die am Ostersamstag den langen Aufstieg zur Hütte nicht scheuen und das schöne Wetter für zwei Frühlingsskitouren mit Hitta nutzen wollen, ist ein Börsenmakler aus Italien. Er geniesst die Ruhe, die körperliche Anstrengung und das einfache Essen. Es gibt nichts Besseres für ihn, um wenigstens für drei Tage vollständig abzuschalten und sich zu erholen. Am späten Dienstagvormittag will er in Pontresina den Zug nehmen, um spätestens am Abend seine Geschäfte in Mailand wieder aufnehmen zu können. In der Nacht auf Dienstag beginnt es jedoch zu schneien, und es schneit zwei Tage lang unentwegt und pausenlos weiter. Die ausgiebigen Schneefälle legen das Telefon lahm, und der Mann verzweifelt fast, weil er weder ins Tal und in einen Zug steigen noch Italien telefonisch erreichen kann, um den Verlauf der Börsenkurse zu verfolgen. Nur mit grösster Mühe überzeugt ihn Hitta davon, abzuwarten, bis sich die Wettersituation beruhigt hat. Kaum ist das der Fall und die

Abfahrt ins Val Roseg zu verantworten, begleitet Hitta den Mann frühmorgens nach Pontresina, und die anderen Gäste schliessen sich an. Erst als es bereits dunkel wird, kehrt er zurück.

Während dieses ersten Tages, den sie ganz allein in der Hütte verbringt, und schon vorher, während des wetterbedingten Stubenarrests, lernt Irma einiges über ihr neues Leben. Erstens: Es gibt fast immer Arbeit. Schnee schaufeln, aufräumen, Lebensmittel kontrollieren, kochen, abwaschen, sauber machen – dies dank der Mäuse täglich. Und sich um die Hüttengäste kümmern, wenn welche da sind. Zweitens: Wenn es einmal nichts zu tun gibt, muss man einfach warten. Abwarten, bis es aufhört zu schneien, bis sich der Nebel lichtet, bis die angekündigten Gäste eintreffen. Und drittens: Ein Hüttenwart ist zwar sein eigener Herr – und das gilt auch für eine Hüttenwartin –, aber ob jeweils harte Arbeit oder Nichtstun angesagt ist, liegt meist nicht in der eigenen Entscheidung. Arbeit ist kein Problem für Irma. Sie ist voller Kraft und Energie und traut sich einiges zu. Für sie ist Stillsitzen, Abwarten, einfach Sein, viel schwieriger. Aber auch das lernt sie, und bald möchte sie es nicht mehr missen: nichts tun, einfach dasitzen, ins Schneetreiben oder ins Feuer schauen, vor der Hütte sitzen und in die Sonne blinzeln und dabei den Gedanken nachhängen; stundenlang. Und dann staunen, wo man mit seinen Gedanken gelandet ist.

Beinahe im Paradies. Sommer 1963

Für Irmas erste Sommersaison als Hüttenwartin kommt ihr die Erfahrung aus den Ostertagen zugute. Obwohl der Hochgebirgstourismus noch bescheidene Ausmasse hat im Vergleich zu späteren Jahren, ist Hitta im Auftrag der Bergführerschule Pontresina häufig als Bergführer unterwegs. Manchmal einen oder zwei Tage, wenn er eine Gruppe zur Tschierva-Hütte und von dort zum Biancograt führt, oft aber auch eine ganze Woche, auf Touren zum Piz Palü zum Beispiel. Dann ist Irma allein in der Hütte; allein mit Gästen oder auch ganz allein. Ab und zu kommt die Nane, Hittas Mutter, für einige Tage von Arosa zu Besuch, weil sie Heimweh hat nach der Hütte.

Irma fühlt sich in dieser völlig anderen Welt, die ihr eigentlich ganz fremd ist, erstaunlich wohl. Sie erträgt auch das zeitweilige Alleinsein gut, atmet auf, fühlt sich endlich ganz frei, zu denken und zu tun, was ihr gefällt und was sie für richtig hält. Da sind keine Argusaugen, die sie beobachten, keine ungeschriebenen Dorfgesetze, kein «Das gehört sich nicht» oder «Was sollen die Leute denken?». Es gibt nur die Gesetze der Natur. Diese müssen in jedem Fall respektiert werden, das merkt Irma schnell; teils lernt sie es von Hitta, teils aus ihren eigenen Erfahrungen und Beobachtungen. So sehr sie sich gegen das Diktat des Vaters und die Erwartungen der Schmeriker an Spenglers Tochter auflehnte, der Natur zu gehorchen, fällt ihr nicht schwer. Die Natur *ist* einfach; egal, wer sich in ihr bewegt, ob Frau oder Mann, Vater oder Kind, Vorgesetzter oder Untergebener; es existiert kein Gut und Schlecht, keine Moral, keine Sünde, kein Status, kein Besitz. Die Natur belohnt auch nicht mit willkürlichen Gunstbezeugungen oder straft mit ebenso willkürlichen Einschränkungen; ihre Gesetze sind für alle gleich, und wer im Hochgebirge überleben will, hält sich tunlichst daran. Es wäre genauso sinnlos, sich gegen sie aufzulehnen wie dafür zu kämpfen, dass sie sich änderten. Diese Erkenntnis vermittelt Irma Frieden und Ruhe.

So einsam die Coaz-Hütte auch liegt, Hitta und Irma haben einen Nachbarn. Auf der gegenüberliegenden Seite des Rosegtals liegt die Tschierva-Hütte. Fast könnte man sie sehen, wäre da nicht die grosse Seitenmoräne des Vadret da Tschierva im Weg. Die Hütte wird von Albert Morf bewirtet, einem lieben Freund. Ein Besuch bei ihm bedeutet allerdings einen Abstieg von 550 Höhenmetern bis zum Gletschersee und einen Aufstieg auf der anderen Talseite von wiederum 500 Höhenmetern, eine insgesamt vierstündige Wanderung; aber glücklicherweise ist da eine Telefonleitung auf Masten, welche die beiden Hütten verbindet. Die Freunde benutzen sie häufig und regelmässig, um sich auszutauschen. Es sei denn, sie muss erst wieder instand gesetzt werden, wenn während eines Sommergewitters der Blitz die Leitung zerstört hat oder bei einem Lawinenabgang im Frühling gleich ein ganzer Mast mitgerissen wurde.

Aber auch in der unmittelbaren Umgebung der Hütte gibt es genug, was Irma während Hittas Abwesenheit über einen allfälligen Anflug von Einsamkeitsgefühlen hinwegtrösten kann. Da ist zu Beginn der Sommersaison die einmalig schöne Flora. Sie verwandelt die Unwirtlichkeit der Hochgebirgslandschaft in einen lieblichen, paradiesischen Garten. Irma kennt zwar das legendäre rot-weissblaue Trio Alpenrose, Edelweiss und Enzian von Kalenderbildern und Postkarten, hier aber entdeckt sie ganz neue Farben und Blüten: das helle Blau des Himmelsherolds, das intensive Violett des Knabenkrauts, das Gelbgrün und das tiefe Dunkelrot des Frauenschuhs, die zartgelben, kleinen Rispenblüten des Frauenmantels, das Tintenblau der Lupinen und die lila Skabiosen, deren Leuchtkraft jene in den Wiesen des Unterlandes erblassen lässt. Irma meint, durch den Garten Eden zu wandern, wenn sie jeweils mit dem Räf, dem Holzgestell am Rücken, und der Milchkanne in der Hand am frühen Morgen zur Alp Ota geht, um frische Milch zu holen.

Und auch die Tiere fehlen in diesem Paradies nicht: Wenn Irma allein auf der Hütte ist und die morgendlichen Geräusche des Treppauf, Treppab, das Stühlerutschen und Geschirrklappern von Hüttengästen fehlen und alles ruhig ist, hört sie schon früh das Treiben der Murmeltiere, die sich in der Morgenkühle auf der Terrasse ein Stelldichein geben. Ein Familienverband von Murmeltieren besteht aus einem erwachsenen Paar und Nachkommen verschiedener Jahrgänge. Im Hochsommer ist auch bereits die jüngste Generation dabei, sodass es mehr als ein Dutzend Tiere sein können, die sich vor der Hütte tummeln. Irma setzt sich dann still auf die Bank neben der Türe und beobachtet entzückt, wie sie sich begrüssen, indem sie die Köpfe zusammenstecken und die Nasen aneinanderreiben, und wie sie sich gegenseitig das Fell pflegen. Die Kleinen balgen sich und tollen derweil herum. Manchmal vergisst sie völlig die Zeit, wenn sie diesem Schauspiel auf der Freilichtbühne ihrer Terrasse zuschaut.

Selbst im Keller – der nicht mehr ist als eine Aushöhlung im Fels hinter der Hütte – begegnet Irma ab und zu einem Murmeltier. Wenn es ein ausgewachsenes Tier ist, welches hoch aufgerichtet dasteht und schrille Warnpfiffe ausstösst, kann das durchaus Respekt einflössen, und Irma zieht sich jeweils schnell zurück.

Arno, der Schäferhund, und Bina, das Maultier, sind weitere Tiere, die in dieses Paradies gehören. Die beiden sind jedoch nicht ganz so putzig wie die Murmeltierkinder. Irma hat bislang wenig Erfahrung mit Hunden, weiss aber, dass Schäferhunde im Allgemeinen nur eine Bezugsperson haben und auch nur dieser einen Person gehorchen. Sie hat schon erfahren, dass Arno, der ja kein junger Hund mehr ist, nur Hitta als Meister akzeptiert. Vom Umgang mit Eseln oder Pferden hat Irma gar keine Ahnung, und ein Maultier ist bekanntlich beides, nämlich eine Kreuzung aus einem Eselhengst und einer Pferdestute. Maultiere gelten zwar als gutmütig, aber auch als eigensinnig, und sie sind berühmt dafür, nur ungern zu gehorchen. Dennoch lässt Hitta beide, Arno und Bina, bei Irma zurück, wenn er mit Kunden unterwegs ist. Er hat keinerlei Bedenken, dass Irma nicht mit ihnen zurechtkommen könnte, und Irma eigentlich auch nicht. Mit der für sie typischen Bereitschaft, einfach mal anzupacken, hat sie mit der Verantwortung für die Hütte fraglos auch die beiden Tiere übernommen.

Aber diese zeigen der frischgebackenen Hüttenwartin deutlich, dass sie nur einen Meister akzeptieren und längst nicht immer geruhen, nun plötzlich auch ihr, seiner Frau, zu gehorchen. Arno passt zwar in Hittas Abwesenheit getreulich auf Irma und die Hütte auf und bleibt in der Nähe, aber wenn Hitta eine ganze Woche auf Tour ist, was immer mal wieder vorkommt, wird ihm die Zeit lang, und das Heimweh nach seinem Meister packt ihn. An einem Samstag – Samstag ist der Tag, an dem Hitta jeweils zurückkehrt – ist Arno bereits frühmorgens verschwunden. Irma ist beunruhigt, hält Ausschau, ruft nach ihm. Vergeblich. Im Laufe des Vormittags erhält sie einen Anruf von Plinio, dem Besitzer des Hotels Roseg. «Arno ist da. Er sitzt auf dem Fuhrwerk nach Pontresina und weigert sich, herunterzukommen. Er will wohl Hitta abholen. Ich lasse ihn mal mitfahren. Mach dir keine Sorgen.» Irma traut ihren Ohren nicht. Wie konnte der Hund wissen, dass heute Samstag ist und Hitta zurückkommt? Arno ging den Weg nach Pontresina zwar schon oft mit Hitta zusammen, auch auf dem Fuhrwerk, aber dass er den richtigen Zeitpunkt der Rückkehr seines Herrn zu spüren scheint, ist unglaublich. Am Abend jedoch treffen Herr und Hund einträchtig miteinander in der Hütte ein. Arno hat am Bahnhof Pontresina auf Hitta gewartet.

Arno gestattet sich auch andere Freiheiten, wenn sein Meister nicht da ist. Bei schönem Wetter kommen ab und zu Wanderer vorbei und bestellen auf der Hüttenterrasse ein Gläschen Wein oder eine heisse Suppe zu ihrem mitgebrachten Picknick. Manchmal vergessen sie ob der atemberaubenden Kulisse fast ihr Essen. Arno nutzt solche Momente dann geschickt und stibitzt etwas Wurst oder Käse vom Tisch. Meistens lachen die Gäste, wenn sie ihn bemerken, aber ein älteres Ehepaar aus Deutschland ist gar nicht erfreut, als Arno es bei ihnen versucht. Obwohl sie sich nur aus ihrem Rucksack verpflegen und nicht einmal etwas zum Trinken bei Irma bestellen, wie es der Hüttenkodex eigentlich verlangt, beschweren sie sich empört bei ihr. Um der Form zu genügen, schimpft sie mit Arno, doch sie weiss, dass ihm das nicht viel Eindruck macht. Immerhin tut er ihr den Gefallen, beschämt zu wirken und zu verschwinden. Dem Ehepaar genügt das jedoch nicht. Immer noch verärgert, bringen sie ihre Esswaren in Sicherheit: direkt hinter sich, auf der Steinmauer, welche die Terrasse umgibt. Und wenden sich wieder den Bergen zu. Ist der Gipfel links nun der Piz Roseg oder doch der Glüschaint? Was sie nicht bemerkten, als sie ihr Picknick vor dem Hund zu retten glaubten, ist der Fusspfad, der unterhalb der Steinmauer zur Hütte führt. Während sie also mit wenig Sachkenntnis, aber umso eifriger weiterhin die Rundsicht kommentieren, kommt Bina, die während des Tages frei herumwandern darf, auf diesem Pfad daherspaziert und entdeckt hocherfreut die Auslage von Delikatessen genau auf ihrer Augen- und Nasenhöhe. Irma, die in der Türe steht, sieht gerade noch, wie – schwups – zuerst ein Sandwich und dann ein Apfel verschwindet. Schnell dreht sie sich um und kehrt in die Hütte zurück, um ihr Lachen zu verbergen. Bravo, Bina, gutes Mädchen; die beiden Meckerer haben es verdient!

Als Irma kurze Zeit später zum ersten Mal allein eine angemeldete Gruppe von zwölf Personen zwei Tage beherbergt, ist Bina ein weiteres Mal für eine Überraschung gut. Irma ist voll beschäftigt mit Aufräumen und Kochen und hat völlig vergessen, sie vor dem Abendessen zu füttern und im Unterstand festzubinden. Die Gruppe sitzt am gedeckten Tisch, und Irma hat gerade eine grosse Schüssel mit Saucenfleisch und zwei Schüsseln mit Kartoffelstock aufgetragen. Zurück in der Küche, wo sie den Salat holen will, hört sie teils erschreckte Ausrufe, teils Gelächter. Als sie mit der Salatschüssel in den Händen wieder in die Stube tritt, traut sie ihren Augen nicht. Die grosse Bina steht im engen Flur des Hütteneingangs und streckt ihren Kopf durch die Stubentür direkt in eine der Schüsseln mit Kartoffelstock. Ohne zu zögern, stellt Irma die Salatschüssel ab, packt beherzt Binas Zaum und versucht, ihren Kopf aus der Schüssel zu ziehen. Das allein ist schon ein Kunststück, aber nun gilt es, die störrische Bina durch den schmalen Flur wieder aus der Hütte zu bugsieren. Die Raumverhältnisse sind viel zu eng, als dass sich das Maultier hätte wenden lassen, also muss es rückwärts nach draussen geschoben werden. Zwei mutige Männer packen das Tier bei den Hinterbacken und ziehen, während Irma Binas Kopf hält und sie rückwärts stösst. Da Bina der Kartoffelstock ausgezeichnet schmeckte, stemmt sie ihre kräftigen Beine gegen den Versuch, sie davon zu entfernen. Vielleicht macht ihr auch das laute Gelächter rundum Angst. Jedenfalls dauert es eine ganze Weile, bis das Maultier vor der Hütte steht und – nun wieder Kopf voran – in seinen Unterstand gebracht werden kann, wo es für die Aufregung mit einer doppelten Portion Futter entschädigt wird. Drinnen wird der fehlende Kartoffelstock durch Brot ersetzt, und später am Abend ist die Unterhaltung in der Stube deutlich fröhlicher und angeregter als tags zuvor.

Bina darf sich schon ab und zu etwas herausnehmen, denn ohne sie wäre das Leben und die Arbeit auf der Hütte wesentlich beschwerlicher, wenn nicht unmöglich. Alles, was gebraucht wird, Holz, Gasflaschen, Lebensmittel, Werkzeuge, muss aus dem Tal zur Hütte hochgetragen oder, wie der korrekte Ausdruck dafür heisst, gesäumt werden. Dafür trägt Bina einen sogenannten Bastsattel – ein dreiteiliges Traggestell mit zwei Seitenlasten und einer Oberlast –, auf dem Lasten bis zu 150 Kilogramm festgebunden werden können. Maultiere sind, anders als Pferde, auch in schwierigstem Gelände äusserst trittsicher und erschrecken nicht so leicht oder geraten gar in Panik. Wer sie kennt und mit ihnen arbeitet, sagt sogar, sie hätten die Fähigkeit, mitzudenken. Jedenfalls hat Irma gehört, dass der Nachschub sowohl für die Boval- als auch die Tschierva-Hütte von Maultieren hochgetragen wird, die ganz allein mit der Last aus dem Tal in die Hütte laufen und dann wieder zurück. Bina jedoch geht nicht allein ins Tal, sie will begleitet werden, obwohl sie, genau wie Arno, den Weg kennt. Das zeigt sie, indem sie jeweils vorausläuft.

Wenn Bina vorangeht, kann man vertrauensvoll hinter ihr hergehen, auch wenn der Weg nahe am Abgrund vorbeiführt, wenn dichter Nebel herrscht oder hoher Schnee liegt. Ende September, während Irmas erster Hüttensaison, sinkt ganz plötzlich die Temperatur, und es fällt eine grosse Menge Schnee. Binas Unterstand bietet nicht viel Schutz; der nasse Schnee tropft zwischen dem Dach und dem Felsen direkt auf sie herab. In der Nacht, wenn die Temperatur weiter sinkt, wäre es dort zu kalt für sie. Also beschliesst Hitta, sie zur Alp Ota zu bringen, wo sie im Stall übernachten kann. Die grossen Schneemengen haben alle Konturen verwischt und das Landschaftsbild völlig verändert. Vom Weg zur Alp ist keine Spur zu sehen. Aber Bina senkt ihren Kopf und geht voran, mit der Nase dicht über der Schneeoberfläche. Das Gehen ist im hohen Schnee mühsam, und der Weg dauert statt einer halben eine ganze Stunde, aber Bina führt Hitta und Irma sicher zur nahegelegenen Alp. Auf dem Rückweg können die beiden in den eigenen Spuren gehen. Das Maultier hat ein riskantes Unterfangen in eine Situation verwandelt, die zwar immer noch mühsam und anstrengend, aber nicht mehr gefährlich ist.

Vor der Zeit der Helikopterflüge werden Lasten aus dem Tal über verschiedene Transportwege in die Hütte gebracht: Müssen Waren in Pontresina abgeholt werden, steigen Hitta und Irma mit dem Maultier ins Rosegtal hinunter. Bina geht in zügigem Tempo voran. Auf der Alp Ota hält sie kurz an. Sie weiss genau, dass sie da eine Handvoll Hafer bekommt. Dann geht es weiter zur Alphütte hinter dem Hotel Roseg, wo in einem Unterstand ein kleiner Wagen – oder eher ein Karren – untergebracht ist. Bina wird eingespannt, und in wilder, holpriger Fahrt geht es auf dem steinigen Weg nach Pontresina hinunter. Der Wagen hat einfache Eisenräder und weder Federung noch Bremsen. Gut, dass Irma nicht ängstlich ist! Dann zieht Bina den vollgeladenen Karren von Pontresina wieder zurück zum Hotel Roseg, wo die Waren auf den Bastsattel und aufs Räf umgepackt und in die Hütte getragen werden. Das ist eine Tagesexpedition, die neben Auf- und Umladen zwei Stunden Fahrt mit dem Wagen und gut drei Stunden Fussmarsch bedeutet.

Manchmal werden Lebensmittel auch bis zum Hotel Roseg geliefert, wo sie abgeholt werden können. Einmal, als Hitta in Samedan Gäste abholt, macht sich Irma allein mit der schwer beladenen Bina und mit Arno auf den Rückweg. Das Maultier spürt, dass Hitta nicht dabei ist, es ist störrisch und schwierig. Langsam steigen die drei bergan, dann geht Bina plötzlich schneller. Sie nähern sich dem idyllischen, aber ausgesetzten Wegstück zwischen Alp Ota und der Hütte, wo am Wegrand hie und da Silberdisteln wachsen. Bina liebt Silberdisteln, und Irma weiss, dass sie geduldig warten muss, bis jeweils eine Silberdistel verspeist ist. Da ist jedes Drängen nutzlos. Arno ist derweil schon ein Stück voraus, und Irma sieht, wie er an einer Distel zerrt und sie dann mit der Schnauze über den Wegrand in den Abgrund stösst. Das wiederholt er mehrmals und schaut jedes Mal zurück, als ob er Binas Reaktion sehen wollte. Kann es tatsächlich sein, dass er Bina auf diese Weise ärgern will? Irma hat schon beobachtet, dass die Beziehung zwischen Hund und Maultier hie und da etwas angespannt ist.

Im Frühjahr liefert ein Pilot jeweils einen grossen Warentransport für die kommende Saison mit einem Flächenflieger an. Er landet 1963 – noch – auf dem Gletscher, so ist der Transportweg kürzer, aber umso anstrengender. Die Waren werden auf Hittas und Irmas Räfs gepackt und über die steile Moräne hochgetragen. Der Weg hinunter und wieder hinauf muss mehrmals gemacht werden, bis alle Waren in der Hütte sind.

Eine der anstrengendsten Arbeiten, aber zugleich eine von Irmas liebsten, ist das Holzsammeln im Wald. Wenn sie und Hitta allein sind auf der Hütte, steigen sie ab und zu mit Arno und Bina ins Rosegtal bis auf die Talsohle hinunter, in den Wald. Dort sammeln sie Fallholz, das kleine Lawinen, Schneerutsche und Steinschläge auf ihrem Weg ins Tal zurückgelassen haben, und laden es auf Binas Bastsattel. Es ist besonderes Holz, das sie einsammeln; das Holz von Bäumen, die während vieler Jahre in diesem Wald unter härtesten Bedingungen langsam gewachsen und dann von Naturgewalten wieder zerstört worden sind. Sie nehmen es sich, um wiederum ihr eigenes Überleben in dieser Gebirgswelt zu sichern. Die Arbeit ist anstrengend, aber Irma empfindet das Umherschweifen in diesem besonderen Wald ohne jeden Zeitdruck und abseits von allen Pfaden und Menschen als Musse und Erholung. Es spielt dabei keine Rolle, welche Kleidung sie tragen; es spielt auch keine Rolle, wie viel oder wie wenig Geld sie besitzen, ob sie fleissig zur Kirche gehen und ob sie irgendwelchen Erwartungen von irgendwem entsprechen. Sie tun einfach das Notwendige. Und das meistens, ohne viel zu reden. Wenn Binas Tragkörbe voll sind, setzen sie sich an einen schönen Platz und essen Brot und Käse und trinken den mitgebrachten Tee und einen Becher Wein. Dann steigen sie mit dem schwer beladenen Maultier wieder zur Hütte auf und stocken ihren Holzvorrat auf. Kann man sich einen perfekteren Tag vorstellen?

Gehört Eva wirklich ins Paradies?

Es wäre schön, wenn damit alle Aspekte des Lebens in der alten Coaz-Hütte erwähnt wären, aber, wie Irma bald einmal bemerkt, gibt es auch auf 2385 Metern über Meer das Paradies nicht, oder höchstens zeitweise.

Es beginnt ihr aufzufallen, dass ab und zu zwei oder drei Bergführer aus dem Oberengadin miteinander zur Hütte aufsteigen, einfach so, um einen Tee oder ein Glas Wein zu trinken; dass sie sich, wenn sie von Irma bedient werden, vielsagende Blicke zuwerfen oder auch offen grinsen. Ihr ist nicht wohl dabei, aber sie wagt nicht, die Männer zur Rede zu stellen. Einmal kommt eine Gruppe von Bergwanderern, alles Männer, die sie ebenfalls mit diesem blöden Grinsen auf dem Gesicht von oben bis unten mustern. Jetzt wird es Irma zu viel. «Warum starrt ihr mich so an, was soll das?» Einer der Männer sagt: «Es ist also wahr.» – «Was ist wahr?» – «Na ja, dass die Hüttenwartin in der Coaz-Hütte Hotpants trägt. Das wollten wir doch mit eigenen Augen sehen!» Am liebsten würde Irma sagen: «Ach, fahrt zur Hölle!» Sie trägt tatsächlich Shorts, das scheint ihr an einem heissen Sommertag die passende Kleidung zu sein, jedoch beileibe keine Hotpants! Und überhaupt, was geht das diese Männer an! Keine Sekunde lang erwägt sie, sich den Vorstellungen der Männer, wie sich eine Hüttenwartin zu kleiden habe, anzupassen. Aber ihr schöner Traum von der grossen Freiheit hat eine leichte Trübung erfahren.

Ein Jahr später, als sie bereits etablierte Hüttenwartin in der neu gebauten Coaz-Hütte ist, erscheint ein Artikel in der Zeitschrift des SAC über alle SAC-Hütten im Engadin. Irma weiss nicht, soll sie wütend sein oder lachen, als sie darin lesen muss, in der Coaz-Hütte wirte jetzt «ein Hippiemädchen, das an den Fingern mindestens zehn Blechringe» trage und dessen «Sitzfläche nur knapp von einem Höschen bedeckt» werde. Aber sie denkt nicht daran, in Zukunft keine Shorts mehr zu tragen oder einen ihrer schönen, grossen Silberringe, die sie so gerne trägt, abzulegen.

Die Tatsache, dass eine attraktive, blutjunge Frau, und erst noch eine «aus dem Unterland», die Coaz-Hütte bewirtschaftet, und dies sogar ab und zu alleine, wenn ihr Mann auf Bergtour ist, ist 1963 (und auch später) immer wieder einmal ein Thema. Zu dieser Zeit ist der SAC immer noch ein konservativer Verein und eine absolute Männerdomäne. Und noch 1978 findet sich in einem Dokument, das sich «Denkanstösse zum Thema Frauen im SAC» nennt, folgender Satz: «Der SAC bleibt der letzte Hort, wo sich die Männer vor der Aggressivität und den Komplexen der Frauen sicher fühlen.»[1]

Hüttenwarte müssen als Voraussetzung für diese Position also erstens Männer und zweitens Bergführer sein. Irma ist nur die Frau des Hüttenwarts, sie hat keine offiziellen Befugnisse, was ihr persönlich aber keine Probleme macht. Hitta ist ihr, was Bergsteigen und

1 Vgl. http://www.srfcdn.ch/radio/modules/data/attachments/2012/SAC_Archiv_1978.pdf (14.1.2021). Als der SAC genau 100 Jahre zuvor von 35 Herren zwecks Förderung des Alpinismus, vor allem des Bergsteigens und der Erforschung des Alpenraums, gegründet wurde, verstand er sich als ein Verein der bürgerlichen Eliten. Die Frage, ob auch Frauen allenfalls als Passiv- oder Ehrenmitglieder dem Verein beitreten dürften oder nicht, stellte sich in den folgenden Jahrzehnten immer wieder einmal. Erst 1980, neun Jahre nach Einführung des Frauenstimmrechts in der Schweiz auf nationaler Ebene, fusionierte der SAC mit dem Schweizerischen Frauen-Alpen-Club (gegründet 1918), und damit waren auch Frauen im SAC willkommen. Seit 2013 wird der SAC von einer Frau präsidiert, und 35% der Mitglieder sind Frauen.

Bergerfahrung anbelangt, weit überlegen; auch hat er die Coaz-Hütte mit zeitweiliger Unterstützung seiner Mutter schon zwei Sommer lang geführt, aber Irma holt in allen Belangen, welche die Hütte betreffen, schnell auf und fühlt sich bald als Partnerin auf Augenhöhe. Genauso wie sie nie in Betracht ziehen würde, Hitta infrage zu stellen oder ihm gar etwas vorzuschreiben, wenn es ums Bergsteigen geht, überlässt er ihr fraglos die Verantwortung für die Arbeit in der Hütte, wenn er seinem Beruf als Bergführer nachgeht. Beide schätzen und respektieren die Fähigkeiten des anderen und lassen einander viel Freiraum. Nach aussen hin jedoch ist Hitta der «Chef»; und so nennt ihn Irma auch, ohne Ausnahme und ohne Anführungszeichen, gegenüber den Gästen. Sie fühlt sich dadurch in keiner Weise zurückgesetzt. Gemeinsam erwirtschaften sie einen Teil ihres Lebensunterhalts in der Hütte, den Rest verdient Hitta mit seiner Arbeit als Bergführer und Skilehrer.

Dennoch gibt es durchaus Momente, in denen sich Irma fragt: «Was habe ich eigentlich hier oben verloren? Will ich das wirklich? Kann ich das überhaupt?» Aber die junge Schneiderin vom Zürichsee hat die Gabe, die Dinge erst einmal so zu nehmen, wie sie sind, und dann zu schauen, wie sie damit zurechtkommt, welche Lösungen es gibt. Sie zögert nicht, wenn es gilt, anzupacken und ihre ganze Kraft einzusetzen. Sie mag Herausforderungen, und sie mag alles, was aussergewöhnlich ist. Kein Tag gleicht dem anderen, jeder Tag muss neu überlegt, neu organisiert werden. Ein geregelter Alltag – die Wunschvorstellung vieler Menschen – wäre ihr ein Gräuel; nichts möchte sie weniger, als ein bequemes, durchschnittliches Leben zu führen. Auch wenn sie ab und zu einmal leer schlucken muss in ihrem neuen Leben; niemals würde sie ihre Hütte gegen ein Haus im Unterland, egal, wie komfortabel, eintauschen wollen, und schon gar nicht ihren «Chef», den eigenwilligen Bergführer, gegen einen konservativen Langweiler aus dem Unterland.

Den Winter 1963/64 verbringen Irma und Hitta in ihrer neuen Wohnung im A l'En in Samedan. Hitta leitet nun die Skischule Samedan und arbeitet als Skilehrer. Als der Frühling im Engadin Einzug hält, steigen sie wie im Vorjahr zur Hütte auf, um alles für die Frühlingsskitouristen vorzubereiten. Auch für Irma ist es nun wie ein Heimkommen. Und dennoch ist die Situation wieder völlig neu, denn zum einen ist Irma schwanger, und zum anderen wissen sie, dass dies ihr letzter Sommer in dieser Hütte sein wird. Eine neue Hütte wird während des Sommers an einem neuen Standort gebaut werden, ungefähr drei Kilometer weiter hinten im Tal und 220 Höhenmeter weiter oben, und die alte – «ihre» – Hütte wird abgerissen werden. Sie wissen schon lange, dass die Sicherung der Hütte mit Drahtseilen auf die Dauer keine Lösung ist und der Aufenthalt in der Hütte je länger, je gefährlicher wird.

Ende September ist es dann so weit: Die letzten Gäste sind abgereist, die Holzvorräte vor der Hütte sind aufgebraucht, Tische und Stühle, Geschirr, Besteck und Küchengerät, Matratzen und Wolldecken werden in die neue Hütte transportiert, und zwei grosse, alte Mehlsäcke, gefüllt mit Abfallmaterial, stehen unter dem Dach geschützt bereit, um später ins Tal transportiert zu werden. Der Abschied von der Hütte im Herbst war schon im Jahr zuvor ein emotionaler Moment, aber diesmal bewegt er die beiden ganz besonders. Wenn sie das nächste Mal hierherkommen, wird es die Hütte nicht mehr geben. Natürlich freuen sie sich auf die neue Hütte, auf die grosszügigeren Räume, den Komfort, aber sie lieben diese alte Hütte. Hier haben sie nach ihrer Hochzeit ihr erstes, richtiges gemeinsames Zuhause gefunden, und hier haben sie sich in den vergangenen zwei Sommern als Team zusammengerauft und bewährt.

Diesmal ist es nicht nötig, mit dem grossen Schlüssel abzuschliessen, und der Schlüssel braucht auch nicht an den rostigen Nagel im Türrahmen gehängt zu werden.

Zwischen Fels und Eis: die alte Coaz-Hütte auf 2385 Metern über Meer. Für Hitta bedeuten die Berge Heimat. Er ist als Bergführer unterwegs, unter gewaltigen Felswänden und in grosser Höhe. Hier beim Abseilen von La Fiamma im Bergell. Vor dem majestätischen Piz Roseg (3937 m ü. M.) am Säumen mit Maultier Bina – und vertieft mit Skizzenblock.

Die neue Hütte

«Wäre ich nicht so wahnsinnig gern dort oben gewesen, ich wäre bestimmt nicht so lange geblieben.»

Einweihung

Nachdem im Sommer 1963 die alte Chamanna Coaz für zu unsicher befunden worden war, entstand im folgenden Jahr an neuem Standort auf 2610 Metern über Meer eine neue, grössere und komfortablere Hütte mit einer Grundfläche von gut 170 Quadratmetern und fünfzig Schlafplätzen auf zwei Etagen. Sie wurde mit Gaslampen beleuchtet und hatte eine wesentlich sicherere Telefonverbindung via Ultrakurzwelle. Achtzehn Jahre später wurde noch ein seitlicher Anbau mit einer Etage hinzugefügt, sodass seither insgesamt achtzig Schlafplätze zur Verfügung stehen. Solarzellen auf dem Dach liefern genug Strom für die Beleuchtung.

Architekt Jakob Eschenmoser, ein kleiner Mann mit einer schwarzen Zipfelmütze auf dem Kopf und einer Pfeife im Mund, sagte bei der Einweihung der Hütte am 4. Oktober 1964: «Manche mögen sich vielleicht verwundert haben über eine gewisse Eigenwilligkeit dieser Hütte. Was heute dasteht, ist das Resultat von Bemühungen um eine Hütte für diesen Platz und zu diesem Zweck ... Möglicherweise ist die gefasste, gedrungene, fast etwas trutzige Gestalt der neuen Hütte aus einem Wunsch entstanden, ein Symbol zu schaffen, nicht nur für die Geborgenheit des Hüttenbesuchers, sondern auch für das Mass. Wir wollten eine Hütte bauen, die eine Hütte bleibt.»

Dass die Hütte tatsächlich eine Hütte blieb und den Menschen, die darin wirtschafteten und wohnten, immer noch einiges an Verzicht und Improvisationstalent abverlangte, lässt sich am besten an den Wasserverhältnissen in der Hütte aufzeigen. Auf einer Höhe von 2610 Metern hat es keine Quellen mehr, die Wasser liefern könnten, es gibt nur die gesammelten Niederschläge. Mit Beginn der Schneeschmelze im Frühjahr fliesst Wasser in kleinen Rinnsalen oder Bächlein die Berghänge hinunter, welches auf der Höhe des Gletschers in einer Röhre gefasst und nach unten auf einen sogenannten Widder geleitet wird. Dieser liegt geschützt in einem Holzkasten und pumpt das Wasser in ein Reservoir oberhalb der Hütte, von wo es dann in die Hütte geleitet wird. Vier Fünftel des Wassers, das auf den Widder fliesst, wird benötigt, um den Druck aufzubauen, der die Pumpe antreibt, nur ein Fünftel wird ins Reservoir hochgepumpt. Im frühen Frühjahr, wenn es noch sehr kalt ist, gibt es also nur wenig Wasser in der Hütte oder gar keines. Oft friert dann auch die Zuleitung zur Hütte ein, da sie oberirdisch ist. Dann muss Schnee in Behältnisse geschaufelt und in Töpfen auf dem Holzherd geschmolzen werden. Auch der Schnee auf dem Kupferdach der Hütte dient als Wasserreservoir. Schwere Holzbalken am Dachrand verhindern, dass der Schnee vom Dach rutscht, und wenn die Sonne scheint und die Temperaturen steigen, rinnt das Schmelzwasser in eine Dachrinne und tropft von da in ein grosses Fass an der Hüttenwand. Im Sommer hat es im Allgemeinen mehr Wasser, da die Bäche reichlicher fliessen, aber sogar dann kann es vorkommen, dass das Wasser vorübergehend knapp wird.

Kein Wunder, dass Andrea und Christine, die Clavadetscher-Kinder, schon als Kleinkinder lernten, dass Wasser kostbar ist und man haushälterisch damit umgehen muss. Anders die zum Teil naiven und gedankenlosen Touristen aus dem Unterland, denen es manchmal schwerfiel zu akzeptieren, dass es nicht eine Laune von Irma war, wenn sie ihnen Wasser zum Auswaschen ihrer verschwitzten Kleider verweigerte und sie sich mit einem kleinen Gefäss voll Wasser begnügen mussten, um wenigstens Gesicht und Hände waschen zu können. «Wollt ihr heute eure Kleider waschen oder wollt ihr morgen einen Liter Tee auf eure Bergtour mitnehmen? Entscheidet euch! Beides geht nicht.» So drastisch musste ihnen Irma jeweils die Wassersituation vor Augen führen.

Aber nun zurück zur Einweihung der neuen Hütte. Irma ist mit dabei, hochschwanger. Das äussere Erscheinungsbild der Hütte gefällt ihr auf Anhieb, aber ihr springt auch sofort die völlig andere, viel rauere Atmosphäre des neuen Standorts ins Auge. Die 200 Meter Höhendifferenz bedeuten, dass die Vegetation rund um die Hütte mager ist, im Sommer nur wenige Blumen blühen und am Hang hinter der Hütte während des ganzen Sommers Schnee liegt. Der Ausblick ins Rosegtal hinunter mit dem Lej da Vadret und auf die Sellagruppe und den Piz Roseg gegenüber ist zwar wunderschön. Allein aufgrund der grösseren Kapazität der Hütte ist jedoch klar, dass hier Zeiten der Beschaulichkeit und Bergromantik die Ausnahme sein werden, dass Irma und Hitta nun ein Unternehmen führen und auch Angestellte benötigen werden.

Andrea und Christine

Aber als die Clavadetschers im Frühjahr 1965 ihre Arbeit in der neuen Hütte aufnehmen, ist ohnehin alles anders, denn am 21. November kam ihr Sohn Andrea zur Welt. Vorläufig bleibt er mit seiner Nane zu Hause in Samedan; als aber die Sommersaison beginnt, fliegt er mit seinen Eltern erstmals im Helikopter auf die Hütte. An sonnigen, warmen Sommertagen liegt er nun, warm eingepackt in viele Decken, in einer grossen Kartonschachtel vor der Hütte und macht sein Mittagsschläfchen. Ein kleines Sonnenschirmchen, zwischen dem Rand der Kartonschachtel und der Hüttenwand festgesteckt, schützt ihn vor der intensiven Bergsonne; ein Anblick, der für Irma die steinige, vegetationsarme Umgebung wettmacht. Aber es ist nicht nur die Kartonschachtel, die dem klassischen Bild «Junge Mutter beugt sich entzückt über Babykörbchen» eine besondere Note gibt, zwischendurch bläst auch immer wieder einmal ein kräftiger Windstoss das Schirmchen davon, und es muss zwischen den Geröllbrocken unterhalb der Hütte gesucht werden. Und wenn Irma dann damit wieder hinaufgekraxelt ist, warten vielleicht auf der Terrasse bereits Gäste auf Bedienung, oder sie muss in der Küche das Abendessen vorbereiten. Oft bleibt ihr wenig Zeit, ihr Mutterglück zu geniessen. Gut, dass Andrea ein so zufriedenes, gesundes Kind ist, und gut, dass auch die Nane ab und zu für eine Woche auf die Hütte kommt, um auszuhelfen.

Es war für Irma und Hitta immer klar gewesen, dass sie einmal Kinder haben würden. Wie viele, ob Mädchen oder Knaben und zu welchem Zeitpunkt, darüber machten sie sich keine Gedanken. Das wollten sie ganz dem Leben überlassen; so wie es kommen würde, würde es gut sein. Für Irma hätte das allerdings nicht für eine Schwangerschaft vor der Hochzeit gegolten; nicht aus religiösen oder gar moralischen Gründen, aber dieses Vergnügen wollte sie den Klatschbasen und Moralaposteln von Schmerikon nicht gönnen, die nur auf einen Anlass warteten, um sich das Maul über Spenglers Tochter, die in ihrem Übermut die einheimischen Schmeriker verschmäht hatte, zu zerreissen. Für Hitta hingegen wäre auch das keine Katastrophe gewesen, ihn kümmerte solches Gerede nie.

Nun kam ihr Sohn jedoch genau am richtigen Ort und zum richtigen Zeitpunkt zur Welt; in Samedan, in der Zwischensaison zwischen Hütte und Skischulbetrieb. Irma hatte einige Wochen Zeit, in der Mietwohnung, in der sie seit ihrer ersten gemeinsamen Hüttensaison wohnten, wieder heimisch zu werden, und Hittas Arbeit als Skischulleiter begann erst Anfang Dezember. Erstmals während der Schwangerschaft suchte sie den Arzt auf und liess sich bestätigen, dass alles in bester Ordnung sei; sie besorgte einige Babysachen, und als eines Abends die Wehen einsetzten, spazierte sie zusammen mit Hitta zum Spital Samedan. Während Irma für eine Erstgebärende erstaunlich gelassen blieb, rannte Hitta nervös voraus bis zur öffentlichen Telefonkabine, um im Spital ihre baldige Ankunft anzukündigen, denn in ihrer Wohnung gab es keinen Telefonanschluss.

Im Spital wurde Irma von der Hebamme in Empfang genommen, und 24 Stunden später war Andrea da. Wo aber war Hitta? Nachdem er Irma in die Obhut der Hebamme gegeben hatte, blieb er verschwunden. Nun war es 1964 im Spital Samedan – und auch anderswo – noch nicht üblich, dass junge Väter die Geburt ihrer Kinder begleiteten, und Irma hätte das auch gar nie gewollt. Aber dass er mehrere Tage lang nicht auffindbar war und sich auch nicht nach ihr und dem Kind erkundigte, war für sie eine bittere Enttäuschung. Die Hebamme war ausser sich über diesen pflichtvergessenen Vater, und als Hitta schliesslich wieder auftauchte, nervös, unsicher und blass, las sie ihm tüchtig die Leviten. Er war froh, seine Frau wohlauf zu sehen, und als er zur Glasscheibe geführt wurde, hinter der eine Krankenschwester Andrea seinen Eltern präsentierte, war er sichtlich gerührt. – Auch, dass Väter ihre neugeborenen Kinder im Spital zum ersten Mal nur durch eine Glasscheibe sehen durften, war 1964 üblich.

Als Irma und Klein-Andrea aus dem Spital entlassen wurden, war Hitta wieder nicht auffindbar, und die beiden fuhren im Taxi nach Hause. Irma schluckte ihre Enttäuschung hinunter und akzeptierte, dass es so war, wie es nun eben war. Als Hitta schliesslich zu Hause eintraf, war sein Zögern, sich dem kleinen Bündel mit dem faltigen, roten Gesichtchen zu nähern, offensichtlich, ebenso seine Unbeholfenheit, wie er mit ihm sprechen, wie er es anfassen sollte. Auch Irma fühlte sich unsicher, denn im Spital war ihr Andrea nur zum Stillen gebracht worden, und sie hatte ihn noch nie selbst gewickelt oder gebadet. In den folgenden Wochen und Monaten war es aber ausschliesslich Irma, die das Kind hegte und pflegte; so lange, bis Andrea gehen und sprechen lernte. Erst als sich das schreiende, glucksende, schmatzende Bündel zu einem kleinen Menschlein zu entpuppen begann, wagten sich Hittas Vatergefühle hervor.

Irma hat nie erfahren und auch nie nachgefragt, was Hitta so auf Distanz hielt; ob er der Meinung war, Kinder zu gebären und Säuglinge zu pflegen, sei reine Frauensache, oder ob ihm die Unsicherheit einer Geburt und die Hilflosigkeit eines Säuglings Angst machten; sie war einfach nur erleichtert, als er im Sommer darauf zwei Löcher für Andreas Beinchen in einen alten Rucksack schnitt, ihn hineinsetzte, und ihn so von der Hütte zur Alp Ota trug, wenn er dort Milch holte, oder ihn auch manchmal mitnahm auf einen Abendspaziergang. Andrea guckte dann interessiert und vergnügt oben aus dem Rucksack, und niemand weiss, was Hitta seinem Sohn auf diesen Wanderungen zeigte, was er ihm von den Felsen und vom Schnee, von den Tieren und Pflanzen erzählte. Vermutlich fand da die Liebe zu dieser hochalpinen Landschaft, zu ihren Farben und Formen, welche die beiden ein Leben lang verbinden sollte, ihren Ursprung.

Nun konnte Irma beruhigt aufatmen. Es war alles in Ordnung. Deshalb war sie auch nicht mehr enttäuscht oder sonderlich beunruhigt, als sich Hitta zwei Jahre später nicht wesentlich anders verhielt, als zu aller Freude am 14. Januar 1967 Tochter Christine, von allen Poppa genannt, geboren wurde. Hitta war eben Hitta.

Hüttenalltag

Aber wir greifen vor. Noch ist Christine nicht geboren, und es geht erst einmal darum, dass sich Hitta und Irma, jetzt als junge Eltern, in die Bewirtschaftung der neuen, wesentlich grösseren Hütte einarbeiten. Es genügt nun nicht mehr, wenn die Nane Irma ab und zu für ein paar Tage unter die Arme greift, sie brauchen Angestellte. Fürs Erste kommen ein oder zwei Schulmädchen während der Schulferien, um in der Küche zu helfen oder den kleinen Andrea zu hüten, aber auch das reicht nicht aus, wenn die Hütte voll belegt ist. Hitta ist oft mehrere Tage mit Kunden unterwegs, und Irma muss dann seinen Anteil an Arbeit in der Hütte auch übernehmen. Es braucht also kräftige, zuverlässige Mitarbeiter, die aber anfänglich gar nicht so leicht zu finden sind. Die Arbeit ist hart, die Arbeitszeiten sind lang, die Entlohnung ist bescheiden, und der Arbeitsort ist gewöhnungsbedürftig. Im Laufe der nächsten Jahre – als nach Christines Geburt zwei Kleinkinder zu betreuen sind – sind es ganz verschiedene Menschen aus verschiedenen Landesgegenden und Lebenssituationen, die auf der Hütte aushelfen.

Einige von ihnen kommen während einer gewissen Zeit Jahr für Jahr wieder, andere sind bald enttäuscht, wenn sich ihre romantischen Vorstellungen vom Leben in einer Berghütte nicht bestätigen, oder Irma muss sie entlassen, weil sie für die Arbeit nicht zu gebrauchen sind. Aber da gibt es Milan, den wortkargen, jungen Extremkletterer aus Tschechien, der sich viele Jahre lang jeden Frühling wieder bei Irma meldet und auf den sie sich zu hundert Prozent verlassen kann. Er fährt jeweils mit dem Fahrrad von seinem Dorf in Tschechien über die grüne Grenze bis ins Val Roseg. Anfänglich spricht er kaum ein Wort Deutsch, aber er lernt schnell, ist handwerklich geschickt und sehr kräftig. «Einfach Gold wert!», beschreibt ihn Irma. Oder den fröhlichen Köbi aus Zürich, der so schnell und sauber abwäscht wie kein anderer und dabei erst noch fröhlich vor sich hin pfeift.

Und da ist vor allem Claudia, die junge Frau aus Bayern, von Beruf Lederhosennäherin, ohne die sich Irma eine Hüttensaison bald kaum mehr vorstellen kann. Claudia ist eine unermüdliche Schafferin, keine Arbeit ist ihr zu hart, zu schmutzig oder zu mühsam, und wenn die Hütte voll ist, arbeitet sie auch einmal ohne Pause den ganzen Tag hindurch. «Du arbeitest doch genauso viel», meint sie, wenn Irma sie für eine Stunde hinaus an die Sonne schicken will. Die beiden Frauen sind bald ein unschlagbares Team und werden mit der Zeit Freundinnen – eine Freundschaft, die erst mit Claudias Tod viele Jahre später endet. Claudia näht nicht nur für Hitta ein paar zünftige Lederhosen, welche er stolz trägt und bis zu seinem Lebensende aufbewahren wird, sie näht auch ein Miniaturpaar für den kleinen

Andrea, der bereits als Zweijähriger schnell erfasst, wie grossartig es sich auf Lederhosen die glatt polierten Felsen hinunterrutschen lässt.

Die neue Hütte ist in beinahe jeder Hinsicht komfortabler als die alte. Es gibt nun eine Telefonverbindung, die fast immer funktioniert, eine Gasbeleuchtung und einen Durchlauferhitzer für warmes Wasser in der Küche. Vor allem ist viel mehr Platz. Neben den fünfzig Schlafplätzen hat es zwei Esszimmer, ein winziges Hüttenwartzimmer neben der Küche, das von einem Kajütenbett praktisch ausgefüllt wird, ein Bergführerzimmer im oberen Stockwerk mit acht Matratzen und ein weiteres Zimmer für die Hüttenwartfamilie im Keller, das jedoch so kalt und feucht ist, dass im Frühling an den Fenstern Eisblumen blühen. Für alle gemeinsam, Gäste und Hüttenwarte, gibt es im Untergeschoss zwei Toiletten und einen Blechtrog mit einigen Kaltwasserhähnen. Dort unterziehen sich die meisten Gäste einer Katzenwäsche, oder sie lassen es auch ganz bleiben, denn bald sind sie ja wieder zu Hause in ihren geheizten Badezimmern, und in der Hütte nimmt man es ohnehin nicht so genau.

Irma hat frühmorgens nicht einmal die Zeit für eine Katzenwäsche. Im Dunkeln streift sie schnell eine Hose und ein T-Shirt über und eilt in die Küche, um einzufeuern und dann zusammen mit ihrer Hilfskraft Frühstück zu machen. Anschliessend wird das Gemüse für die Gerstensuppe gerüstet – die Gerste hat sie bereits am Vorabend eingeweicht – und die Suppe aufgesetzt, denn die muss lange und sanft köcheln, um bis zum Mittag die sämige Konsistenz zu erreichen, die die Gäste lieben. Erst wenn die Küche nach dem Frühstück aufgeräumt ist und die meisten Gäste zu ihren Touren aufgebrochen sind, hat Irma einen Moment Zeit für ihre Morgentoilette. Sie schliesst die Küchentüre ab, um sich schnell zu waschen und zu kämmen. Sie muss sich sputen, denn es dauert nie lange, bis jemand an die Türe hämmert und dringend die Hüttenwartin sucht. Im Sommer gibt es dank des Durchlauferhitzers, der vom Holzofen erwärmt wird, in der Küche fliessend warmes Wasser, im Frühling reicht die Wassermenge dafür nicht aus. Auch als 1982 mit dem Anbau an die Hütte neben zwei Waschräumen und Toiletten sogar eine Dusche für die Hüttenwarte im Untergeschoss eingebaut wird, ist das Wasser oft so knapp, dass es entweder für eine kurze Dusche oder fürs Geschirrabwaschen in der Küche reicht, und da braucht es kein langes Nachdenken. So ist Haarewaschen jedes Mal ein grosser Luxus, und Irma ist dankbar, dass die Natur sie mit trockenem Haar gesegnet hat.

Nur hilft auch das nicht viel, wenn ein blauer, strahlend sonniger Sommertag Wandergäste zuhauf in die Hütte bringt und Irma Dutzende Portionen Rösti mit Spiegeleiern brät. Du meine Güte, dann riecht sie selbst jeweils wie ein überdimensioniertes Spiegelei! Ein Glück nur, dass ohnehin die ganze Hütte danach riecht. In den Kleidern bleiben die Küchendüfte natürlich ebenfalls, aber wenn man sie für eine Weile in den Wind hängt oder auf einen Stein in die Sonne legt, kann die frische Bergluft einiges wiedergutmachen. Flecken können so allerdings nicht beseitigt werden. Aber auch, wenn der Pullover voller Flecken ist, gibt es eine Lösung. «Verkehrt herum anziehen», meint Irma gelassen und: «Man gewöhnt sich an alles.»

Waschen ist nicht nur in Bezug auf die persönliche Wäsche und die Körperpflege ein Problem. Was tun mit den schweren, dunklen, graubraunen Wolldecken, die in eine SAC-Hütte gehören wie das Amen in die Kirche? Und mit den Bezügen der kleinen Kopfkissen? Nun, die Wolldecken werden jeweils im Herbst tüchtig ausgeschüttelt und in die Sonne gehängt, dann riechen sie wieder angenehmer. Grundsätzlich wird erwartet, dass jeder Gast seinen eigenen Baumwollschlafsack mitbringt, was aber leider nicht alle tun. Die Kissenbezüge werden von Zeit zu Zeit ins Tal transportiert und gewaschen; zwischendurch werden auch sie nur «sonnengereinigt». Selbst Jahre später, als längst nordische Duvets die SAC-Wolldecken ersetzt haben, müssen die Duvetbezüge einige Male dieser Gebirgstrockenreinigung unterzogen werden, bevor sie ins Tal gebracht und dort gewaschen werden.

Wenn perfektes Bergwetter dem Hüttenteam einen langen, turbulenten Arbeitstag beschert hat, wenn alles drunter und drüber gegangen ist, geniesst es Irma ganz besonders, sich in ihr eigenes Bett im Hüttenwartzimmer zurückziehen zu können. An einem solchen Tag kann es vorkommen, dass ein Gast, müde vom Marsch zur Hütte, von der Bergluft und wohl auch vom Wein, dem er beim Abendessen freudig zugesprochen hat, seinen Schlafplatz nicht findet. Er weiss nicht mehr, welchen Platz ihm Irma bei seiner Ankunft zugewiesen hat, oder seine Matratze ist belegt von ein paar Frühschläfern, die mehr Raum beanspruchen, als ihnen zusteht. Je nach Persönlichkeit und Hüttenerfahrung sucht dieser Gast dann auf eigene Faust einen freien Schlafplatz und ist beglückt, in der voll besetzten Hütte einen solchen zu finden – und das nicht in einem der Matratzenlager, sondern in einem kleineren Zimmer mit einem Kajütenbett. Und in dieses einladend bezogene Bett legt er sich dann ohne viel Aufhebens.

Und wenn Irma gegen Mitternacht, nach Abwaschen und Aufräumen in der Küche, endlich todmüde in ihr Bett sinken möchte, liegt da bereits der besagte Gast. In einem Fall sogar ein Gast samt Ehefrau. Da kann ihr der Aufwand, die Schläfer zu wecken und eine andere Schlafgelegenheit für sie zu finden, zu mühsam sein, und sie nimmt sich mit einem Seufzer eine Decke und legt sich auf die Bank in der Küche. Bald ist ohnehin bereits wieder Tagwache für sie, denn je nach geplanten Touren gibt es ein erstes Frühstück bereits zwischen 3 und 5 Uhr und ein zweites ab 7.30 Uhr.

Kulinarisches und was dazugehört

Die grosse Zahl von Schlafplätzen in der neuen Hütte bedeutet natürlich auch, dass je nach Belegung die Kapazität der Küche bedeutend grösser sein muss und entsprechend mehr Vorräte gelagert werden müssen. Das war anfänglich, vor allem bei Frischwaren, nicht einfach, denn erst 1985 wurde erstmals ein Kühlschrank und noch später ein Tiefkühlschrank installiert. Aber wir befinden uns ja auf einer Höhe mit ewigem Schnee, der auch im Sommer als natürlicher Kühlschrank dienen kann. Fleisch beispielsweise wird in grossen Mengen von meist fünfzig Kilogramm angeliefert. Der Metzger hat das Fleisch bereits angebraten, denn in einer Küche ohne Dampfabzug für fünfzig bis achtzig Personen Fleisch anzubraten, wäre ein Ding der Unmöglichkeit. Irma verpackt das Fleisch in Portionen von ungefähr fünf Kilogramm und legt jeweils eine Portion in einen leeren Konfitürenkessel, damit es darin geschützt ist.

Es ist ein wunderbar sonniger und warmer Julitag, als Irma Köbi mit einer Schaufel und den gefüllten Kesseln zum nächsten schneebedeckten Hang schickt mit dem Auftrag, die Kessel dort tief im Schnee einzugraben und jeden mit einem Holzstecken zu markieren. Eine Stunde später tritt sie für eine kleine Pause vor die Hütte und sucht mit den Augen den Hang nach den Stecken ab. «Wo sind die Stecken?» – «Ach», meint Köbi, «die Stecken sind nicht nötig, ich weiss genau, wo ich das Fleisch vergraben habe.» – «Meinst du? Dann ist es ja gut», entgegnet Irma. Ihr Gesichtsausdruck ist unergründlich. Zwei Tage später fegt ein Schneesturm über die Hütte, nur kurz, es ist ja Sommer, und tags darauf scheint schon wieder die Sonne. Es ist Wochenende, und gegen Mittag treffen die ersten Tagesgäste ein.

Die Ankommenden fragen sich vermutlich, warum sich ein Mann auf einem Abhang, der ungefähr zwanzig Meter von der Hütte entfernt liegt, hektisch durch den Schnee wühlt, als ob dort ein Schatz verborgen wäre. Irma hat Köbi wohlweislich schon am Vormittag abkommandiert; sie weiss, dass die Chancen sonst schlecht stehen, dass der Eintopf mit Rindfleisch am Abend pünktlich auf dem Tisch ist.

Auch mit Brot wird auf der Hütte anders verfahren als im Tal, allerdings wird es nicht im Schnee vergraben. Alle drei Wochen liefert die Bäckerei Rosina aus Silvaplana frisches Brot in grossen, festen Papiersäcken, in denen dem Bäcker zuvor das Mehl angeliefert wurde. Dieser Bäcker ist ein wahrer Zauberkünstler; sein Brot schmeckt auch nach zwei Wochen noch ausgezeichnet und in der dritten Woche eventuell noch besser, wenn Irma es im Holzofen kurz aufgebacken hat. Mag sein, dass die saubere, trockene Bergluft oder das spezielle Klima im Keller, wo das Brot aufbewahrt wird, das ihrige dazutun. Wenn jeweils eine frische Brotladung eintrifft, muss Irma sie sofort beschlagnahmen, denn käme das Brot frisch gebacken auf den Tisch, würden zwei- bis dreifache Mengen davon verschlungen, und in einer Berghütte muss haushälterisch gewirtschaftet werden. Die Gäste erwarten ein schmackhaftes Essen zu einem annehmbaren Preis, und für die Hüttenwarte sind die Einnahmen aus Essen und Getränken ihr Einkommen. Die Einnahmen für die Übernachtungen in der Hütte gehen zu hundert Prozent an den SAC, der ja auch den Unterhalt der Hütte sicherstellt.

Bei Irma kommen die Gäste kulinarisch auf ihre Rechnung; sie erwirbt sich bald den Ruf einer ausgezeichneten Hüttenköchin. Ihre Rösti mit Spiegelei, Speck oder Wienerli, ihre Gerstensuppe, die Polenta oder die Tomatensauce für Spaghetti al Sugo – die sie immer echt italienisch ohne Fleisch, aber mit viel Knoblauch und Rosmarin zubereitet – werden allseits gerühmt. Sogar Gäste aus Deutschland, welche die Polenta beim ersten Mal mit viel Skepsis begutachten und sie verächtlich «Hühnerfutter» nennen, sind nach einer Kostprobe, die mit geriebenem Käse und viel zerlassener Butter serviert wird, schnell bekehrt. Das traditionelle Sonntagabendmenü steht bei allen Gästen ganz hoch im Kurs. Es gibt Suppe, Gschwellti mit Käse und Butter, Cervelatsalat und zur Krönung Schokoladenmousse oder Caramelköpfli. Der Speisezettel braucht nicht besonders abwechslungsreich zu sein, denn meistens bleiben die Gäste ja nicht lange, nur wenn sich einmal eine Gruppe für eine ganze Woche anmeldet, wird es schwieriger, denn die Gerichte sollen sich ja nicht wiederholen.

Es gehört zu Irmas Berufsstolz, am Abend immer drei Gänge – zum Beispiel Salat, Polenta mit Voressen und ein Dessert – aufzutischen, ab und zu sind es sogar vier. Und Dessert muss immer sein, da sind erwachsene Hüttengäste nicht anders als Kinder.

Im Laufe der Jahre bekommt Irma den Betrieb von Hütte und Küche immer besser in den Griff, und dennoch kann es einmal geschehen, dass ihre Planung nicht aufgeht; sei es, dass ihr ein Fehler unterlaufen ist, sei es, dass sich – was immer wieder vorkommt – Gäste ohne Voranmeldung einfinden und je nach Tageszeit und Wetter nicht wie in einem Hotel im Unterland einfach mit «Es tut uns leid, wir sind voll belegt» wieder weggeschickt werden können. Dann muss improvisiert werden. In solchen Nächten werden in den Matratzenlagern die Plätze wenn immer möglich so verteilt, dass abwechslungsweise ein Mann, eine Frau und wieder ein Mann nebeneinanderliegen. Irma hat festgestellt, dass auf diese Weise mindestens zwei Personen mehr pro Matratzenlager untergebracht werden können. Gott weiss, warum. Im schlimmsten Fall werden auch einmal Decken auf dem Stubenboden ausgebreitet, und einige Gäste verbringen eine harte Nacht.

So geschehen, als sich eines Nachmittags nach und nach 133 Personen in der Hütte einfinden, unter ihnen drei Jugendgruppen. Alle drei haben sich vorschriftsgemäss für eine oder zwei Nächte angemeldet, aber aus unerfindlichen Gründen ist nur eine der Gruppen vorgemerkt worden. Als die dritte Gruppe eintrifft, kommt Irma ins Schwitzen, aber sie fängt sich rasch wieder. «Kein Wort davon zum Chef!», schärft sie Milan ein, denn Hittas Kommentar zu einem so groben Fehler will sie sich ersparen. Und dann: «Jetzt müssen wir das durch Grosszügigkeit wettmachen. Offeriere den Jugendlichen Gratisgetränke!» In der Küche wird alles, was der Keller dafür hergibt, zu Salat verarbeitet, in einem grossen Topf wird Tomatensauce gekocht und in einem noch grösseren Wasser für Spaghetti aufgesetzt. Das Essen schmeckt allen. Vor allem die Jugendlichen essen Unmengen von Spaghetti und fragen nach immer mehr Tomatensauce. Zuerst verdünnt Irma die Sauce in der Küche, als sie aber merkt, dass es auch so noch nicht reichen wird, schüttet sie grosszügig Pfeffer hinein, in der Hoffnung, dass die Sauce den Jugendlichen nicht mehr schmecken werde. Kurz darauf tritt Hitta in die Küche, um sich einen Teller Spaghetti mit Tomatensauce zu holen. Nach der ersten Gabel schaut er Irma entsetzt an: «Wie kannst du nur eine so scharfe Sauce machen? Was ist denn in dich gefahren?» Irma lächelt und zuckt mit den Schultern. «Ziemlich voll heute», meint er dann. Irma nickt zustimmend und hofft, dass er nie erfahren wird, wie voll. Nach einem grosszügigen Dessert, das Irmas Dessertvorräte für mindestens eine Woche zunichtemacht, ziehen sich glücklicherweise die meisten erwachsenen Gäste in ihre Zimmer oder Matratzenlager zurück, und auch Hitta geht früh schlafen. Da erklärt Irma den Jugendlichen, dass sie in den beiden Stuben übernachten werden. Miteinander stapeln sie die Tische aufeinander, um Platz zu schaffen, und Irma zwackt in den vollen Matratzenlagern ein paar Decken für sie ab.

Spät an diesem Abend sitzt Irma mit Milan bei einem Schnaps in der Küche; beide sind ziemlich erledigt. Egal, wie müde sie ist, Irma weiss, es ist an ihr, den Zauberstab zu schwingen und genug Platz für alle zum Frühstücken herbeizuzaubern. An normalen Tagen bereitet Milan jeweils die Frühstückstische vor und reserviert jedem Gast einen Platz mit seinem Namen, damit frühmorgens, wenn alle gleichzeitig aufbrechen wollen, alles ruhig und ohne Chaos abläuft. Da jetzt die Tische in beiden Stuben aufgetürmt stehen, damit Platz ist für die Schlafenden, ist das nicht möglich. Irma überlegt: «Das Wetter ist gut. Also gibts morgen Frühstück auf der Terrasse!», erklärt sie kurzerhand, «und wir offerieren zusätzlich Käse und Birchermüesli.»

Um fünf Uhr anderntags haben Irma und Milan bereits eine harte Arbeitsstunde hinter sich. Das Frühstück steht auf der Terrasse bereit. Es ist eiskalt draussen, aber es dämmert ein wunderbarer, klarer Morgen, die schneebedeckten Bergspitzen sind in ein rosiges Licht getaucht, und die Kaffeekannen dampfen. Alle sind begeistert und finden, das Frühstück draussen zu servieren, sei eine grossartige Idee – warum Irma das bei gutem Wetter nicht immer mache? Niemand beschwert sich, niemand reist vorzeitig ab, niemand ahnt, wie viele Menschen tatsächlich in der Hütte übernachtet haben. Geschafft! Zwei der drei Gruppen reisen am Abend nach Hause, die Hütte wird dann einfach nur noch voll sein und nicht mehr aus allen Nähten platzen.

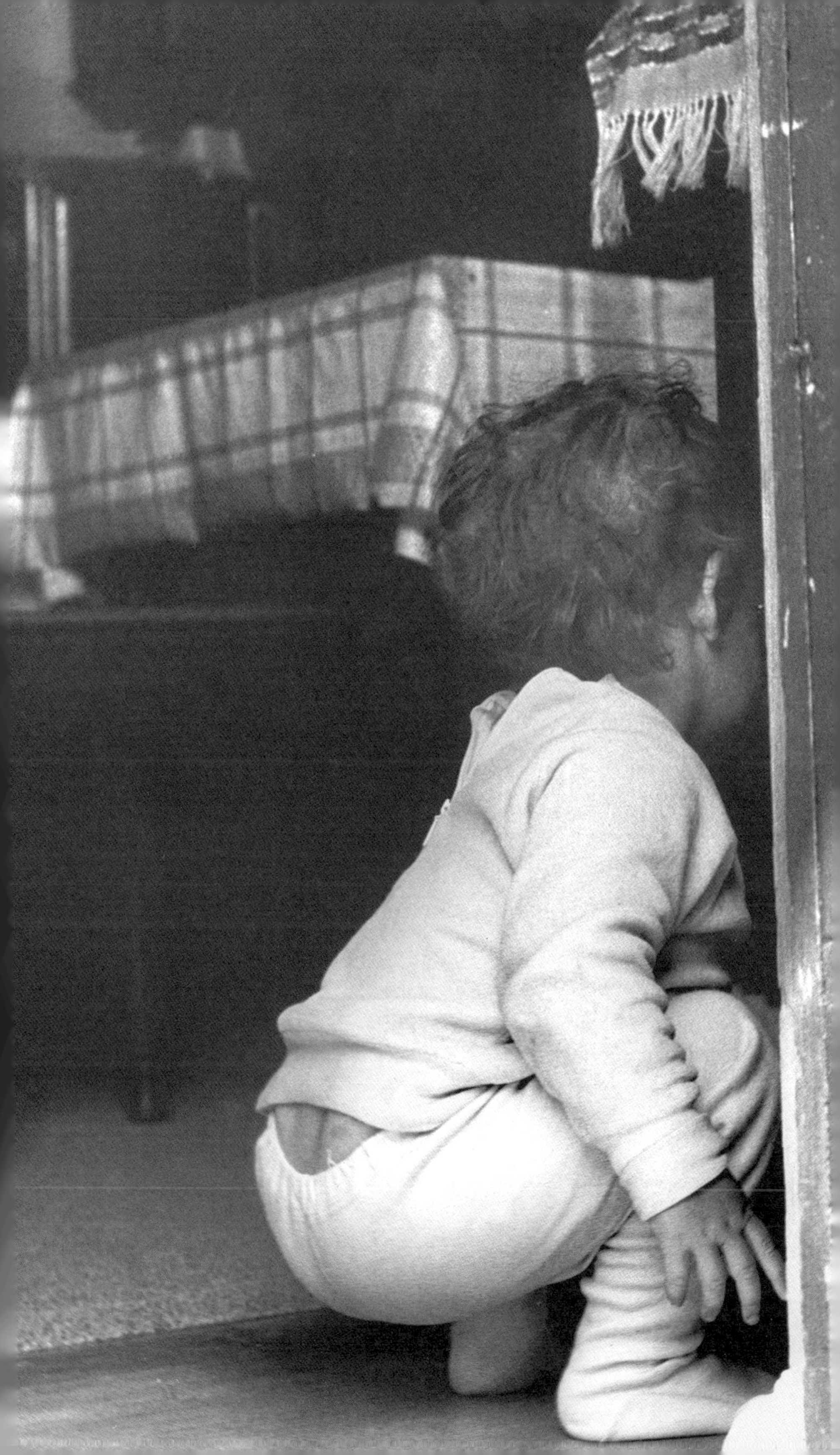

Im Frühjahr 1965 nehmen die Clavadetschers ihre Arbeit in der neuen Hütte auf. Ihr erst wenige Monate alter Sohn Andrea bleibt vorläufig bei seiner Nane in Samedan. Mit Beginn der Sommersaison fliegt er mit seinen Eltern erstmals im Helikopter auf die Hütte. Nane hilft Irma ab und zu für ein paar Tage, doch eine grössere Hütte bedeutet mehr Arbeit. Sie brauchen Angestellte.

Helikopter, die «fliegenden Maultiere»

«Die Helis erleichterten uns das Leben natürlich. Aber ich ging immer lieber zu Fuss.»

Transportwege in der Luft

Warentransporte in die Hütte sind nach wie vor keine Selbstverständlichkeit, und das bleibt auch so, bis in die 1990er-Jahre. Die grossen Mengen Holz, die in der neuen Hütte gebraucht werden, können nicht mehr auf dem Bastsattel des Maultiers und auf Räfs in die Hütte getragen werden. Bereits denkt Irma manchmal etwas wehmütig an ihre Holzsammelexkursionen mit Hitta und dem Maultier Bina in den Arven- und Lärchenwäldern des Val Roseg, denn diese Zeiten sind endgültig vorüber. Nun ist sie froh, wenn hin und wieder die Schweizer Armee einen Holztransport übernimmt. Je nach Flugplan und Programm der Trainingsflüge kommt es vor, dass ein Militärhelikopter ein oder zwei Lastnetze mit Holz bei der Hütte absetzt, welches Hitta zuvor im Rosegtal bereitgestellt hat. Zudem dürfen Hüttenwarte von SAC-Hütten einmal im Jahr bei der Armee den

Train, eine Einheit, die Transportdienste mit Lasttieren übernimmt, anfordern. Der Vorteil gegenüber Helikoptern ist, dass ihre Einsätze witterungs- und tageszeitunabhängig sind. Die Trainsoldaten schleppen dann mit ihren kräftigen Freiberger Pferden grosse Ladungen Holz zur Hütte. Dort wird es von Hitta und Milan oder Köbi zersägt, gescheitet und zu schönen Holzbeigen aufgeschichtet. Manchmal helfen auch Hüttengäste beim Holzspalten oder -stapeln mit.

Zwar wird vieles von dem, was in der Hütte benötigt wird, nach wie vor von Mensch und Tier hochgetragen; in Rucksäcken und auf Räfs und im Bastsattel von Hittas Haflingerpferd, dem blonden Fuchs Gipsy, der inzwischen das Maultier abgelöst hat. Grosse Materialtransporte jedoch werden mehr und mehr von Helikoptern übernommen.

Nie wird Irma die allererste Landung eines Helikopters vergessen. Das war noch im Sommer 1963, bei der alten Hütte. Erstmals werden Gasflaschen, Holz und Getränke per Helikopter direkt zur Hütte geflogen. Irma ist gespannt und freut sich. Hitta hingegen, vertraut mit den Landungen kleiner Flugzeuge auf dem Gletscher, ist eher beunruhigt. Wo soll denn der Heli in diesem unebenen Gebiet landen? Am Vortag des grossen Ereignisses beginnt er, Steine und kleinere Felsbrocken wegzuräumen und arbeitet fast den ganzen Tag. Dann legt er Holzlatten und Bretter, so weit vorhanden, auf die geräumte Stelle, um einen möglichst flachen Landeplatz zu schaffen. Früh am folgenden Morgen, als sie gerade beim Kaffee sitzen, hören sie das Motorengeräusch, und Hitta rennt sofort nach draussen, um den Piloten auf den vorbereiteten Landeplatz hinzuweisen. Er tritt eben aus der Türe, da sieht er den Heli bereits am Boden. Und er weiss nun – und das nicht nur in der Theorie –, dass ein Helikopter etwas grundsätzlich anderes ist als ein Flugzeug und daher auch in unwegsamem Gelände landen kann.

Allerdings dauert es noch etliche Jahre, bis Transporte mit dem Helikopter einigermassen selbstverständlich werden. 1985 wird die HeliBernina AG gegründet, und ab diesem Zeitpunkt ist mindestens ein gelber Heli permanent in Samedan stationiert. Man kann nun ganz einfach telefonisch einen Helikoptertransport bestellen. Allerdings sind diese Transporte teuer. Der kurze Flug von Samedan bis zur Hütte mit einem Lastnetz, welches ungefähr 500 Kilogramm fasst, kostet 400 Franken, vom Hotel Roseg bis zur Hütte sind es 230 Franken. Also lassen Hitta und Irma die Waren wenn möglich per Auto ins Val Roseg und von da in mehreren Flügen zur Hütte transportieren. Vor allem Holz und Briketts, aber auch Lebensmittel und Getränke können so am einfachsten und günstigsten zur Hütte gebracht werden. Manchmal treffen sie auch Absprachen mit dem Hüttenwart der Tschierva-Hütte, damit mit einem Flug beide Hütten beliefert und so Transportkosten eingespart werden können. Einer der Gründer von HeliBernina, Ueli Bärfuss, ist mit Clavadetschers befreundet, und er und seine Piloten sind hilfsbereit und grosszügig. Wenn von Touristen ein Rundflug gebucht wird, nehmen sie wenn möglich in den seitlich angebrachten Transportkörben gleich auch noch Material für die Hütte mit und laden es unterwegs dort ab – zu einem Freundschaftspreis oder gratis. Für die Touristen ist das eine zusätzliche Attraktion, und für Irma bedeutet es frische Lebensmittel, Brot oder Fleisch.

An einem wunderschönen, klaren Herbsttag, wie gemacht, um über die frisch verschneiten Gipfel zu fliegen, bestellt Irma einen Helikoptertransport in die Coaz-Hütte für den folgenden Tag. Sie hat zu Hause im Tal Berge von Bett- und Küchenwäsche gewaschen und eben die letzten Kissenbezüge gefaltet und sie zuoberst in eine riesige Kartonschachtel gelegt, in der einst Bananen aus Ecuador oder Costa Rica in die Schweiz transportiert wurden. Bevor sie sich auf den Weg in die Hütte macht, transportiert sie die grosse Schachtel im Auto zum Flugplatz und fährt dann weiter nach Surlej. Dort besteigt sie eine Gondel der Corvatschbahn, steigt an der Mittelstation aus und geht zu Fuss weiter.

Zügig steigt sie bergan und freut sich zu sehen, wie bald sie alle Wanderer, die sich ebenfalls Richtung Fuorcla Surlej aufmachen, weit hinter sich lässt. Oben angekommen, ist sie kaum ausser Atem. Ja, das Hüttenleben hält fit, stellt sie fest und ist auch diesmal – zum wievielten Mal wohl? – überwältigt von der einmaligen Bergkulisse. Dann eilt sie weiter zur Hütte, wo sie bereits erwartet wird.

Am nächsten Morgen hört sie das vertraute Helikoptergeräusch und geht nach draussen zum Abladeplatz beim Kellerabgang hinter der Hütte. Da ist sie ja, ihre Wäsche. Sie schwebt noch hoch oben in der Luft im Lastnetz. Der Heli geht jetzt tiefer und noch tiefer. Halt, denkt Irma, jetzt reicht es, sonst kommt er dem Hüttendach gefährlich nahe. Warum fliegt er überhaupt so tief? Ach je, das Seil ist zu kurz. Das hat auch der Pilot bemerkt, aber was soll er machen? Er klinkt die Halterung aus, die Schachtel stürzt aus drei Metern Höhe herab, platzt, kippt über die Felskante, und die frisch gewaschene Wäsche purzelt den steilen Hang hinunter. Irma stöhnt, flucht leise und blickt dem Heli nach, der sich schon Richtung Italien entfernt. Nun ja, immerhin lieber so, als wenn der Heli am Dach hängen geblieben wäre. Sie klettert über die Felsen hinunter, sammelt ihre verstreute Wäsche ein, schüttelt den Schmutz so gut als möglich ab und beschliesst, später zu entscheiden, was damit geschehen soll. Jetzt hat sie keine Zeit, das Mittagessen muss vorbereitet werden.

Der folgende Tag ist wiederum wolkenlos und klar. Nach zwei Schichten Frühstück, Abwaschen und Aufsetzen der Gerstensuppe braucht Irma eine kleine Erholungspause. Vielleicht kann sie sogar ein Stündchen Schlaf nachholen. Draussen ist es noch kalt, aber die Sonnenstrahlen werden die Felsen rundherum bald erwärmen. Sie holt ihren Liegestuhl aus dem Keller und setzt sich auf dem kleinen, geschützten Plätzchen vor dem Kellereingang in die Sonne; exakt da, wo gestern ihre Wäsche ganz sanft hätte abgesetzt werden sollen. Zwar frisch gewaschen, liegt sie nun trotzdem mit Schmutzspuren im Gestell im Hüttenwartzimmer. Irma ist früh aufgestanden heute, und das sanfte Lüftchen und die warmen Sonnenstrahlen auf ihrem Gesicht machen sie schläfrig. Plötzlich schreckt sie auf. Was war das? Sie öffnet die Augen und glaubt zu träumen. Da spaziert ganz gemächlich ein Wiesel an ihrem Liegestuhl vorbei, hinter ihm zwei Junge. Die Tiere haben bereits die Farbe gewechselt und tragen ihren weissen Winterpelz. Die Mutter hält im Maul ein Ei, das sie im Keller stibitzt hat, und eines der Kleinen trägt etwas Kleineres, Dunkles, Blaues – eine Zwetschge! Und schon sind sie weg, verschwunden wie eine Erscheinung.

Wer kann sich da noch über schmutzige Wäsche ärgern?! Als sich der Pilot bei einer späteren Gelegenheit bei Irma für seinen Fehler entschuldigt, lacht sie deshalb nur und meint: «Ein bisschen Dreck an der Bettdecke hat noch niemandem geschadet.»

Ein Heli sorgt auch ein halbes Jahr später im wahrsten Sinne des Wortes für Wirbel und für Schmutz. Es ist Spätwinter. Das Dach und die Aussenwände der Hütte müssen kontrolliert werden, damit allfällig nötige Reparaturen vor Saisonbeginn gemacht werden können. Da noch sehr viel Schnee liegt und der Zugang zur Hütte deshalb nicht ungefährlich ist, haben Hitta und Ueli Frey, der Hüttenchef des SAC, entschieden, mit dem Heli zur Hütte zu fliegen. Erfreut stellen sie dort fest, dass alles in bester Ordnung ist.

Als Hitta und Irma einige Wochen später zur Eröffnung der Saison in die Hütte eintreten, trifft Irma fast der Schlag. Wie immer hat sie im Herbst alles blitzblank geputzt zurückgelassen, und jetzt sind alle Räume, in denen sich ein Ofen befindet, schwarz. Alles ist mit einer dicken Russschicht überzogen. Sie könnte heulen. Wie ist so etwas möglich? Auch Hitta ist sprachlos und sucht nach einer Erklärung: Das müssen die Südstürme vor ein paar Tagen gewesen sein; die haben wohl den Russ durch den Kamin in die Hütte gedrückt. Das leuchtet Irma gar nicht ein; bis jetzt hat noch kein Sturm eine solche Verheerung angerichtet. Aber geputzt werden muss so oder so. Und während sie halb verzweifelt, halb wütend die schmierige, schwarze Russschicht wegschrubbt, wird ihr plötzlich klar, was geschehen sein muss. Hitta hat ihr erzählt, dass der Heli nicht landen konnte, als sie neulich zur Kontrolle da waren, weil der Schnee viel zu tief war. Der Pilot habe deshalb den Heli direkt oberhalb des Hüttendachs für einen Moment schweben lassen, sodass er und Ueli aufs Dach steigen und von da hinunterklettern konnten. Auf dieselbe Art seien sie nach der Kontrolle wieder aufs Dach und von da in den Heli gestiegen. Also waren es die Rotoren über dem Dach des stillstehenden Helis, die im Hüttenkamin wie eine riesige Kaminfegerbürste gewirkt hatten. Nur hatte leider am unteren Ende des Kamins kein Kaminfeger gestanden, um den Russ aufzufangen.

Für die Versorgung der Hütte bedeuten die Helikopter eine gewaltige Erleichterung. Aber selbst mit den Helis sind die Transporte nicht immer einfach. Einmal ist die bereitgestellte Last zu schwer, und alles muss im Rosegtal neu verteilt und umgepackt werden; einmal wird irrtümlicherweise etwas Falsches eingeladen, und obwohl die Piloten der HeliBernina viel Erfahrung haben, gibt es auch kritische Situationen. Eine Hobelbank, die in die Hütte transportiert werden soll, wird auf dem Flugplatz sorgfältig festgebunden, und trotzdem verliert der Heli wenige Minuten nach dem Start über dem Rosegtal die Last. Die Hobelbank stürzt in den Wald und zerschellt dort. Glücklicherweise kommen dabei keine Personen zu Schaden.

Helikopterflüge

Nicht selten machen die Schneeverhältnisse im Frühling die Abfahrt vom Piz Corvatsch und den Zugang zur Hütte auf Skiern gefährlich, und die Hüttenwartfamilie ist froh, wenn sie mit den Kindern jeweils mit dem Heli in die Hütte fliegen kann. Wie obiges Beispiel zeigt, kann jedoch selbst der Helikopter nicht immer landen. Wenn der

Schnee allzu tief ist, oder wenn es gerade frisch geschneit hat, wirbeln die Rotoren den frischen Schnee so sehr auf, dass der Pilot nichts mehr sehen kann und er wieder zum Flugplatz zurückkehren muss. Dann heisst es warten, bis sich der Schnee gesetzt hat oder bis die Verhältnisse es erlauben, dass ein erfahrener Berggänger, also meist Hitta, ohne allzu grosses Risiko die Hütte auf Skiern erreichen kann. Der muss dann den Schnee auf dem Landeplatz bei der Hütte festtreten und diesen Platz mit Fähnchen markieren, sodass der Heli dort landen kann.

So dankbar Irma für die Unterstützung der Piloten und ihrer fliegenden Lasttiere ist, wirklich wohl und entspannt fühlt sie sich während Flügen im Helikopter nie. Fliegen ist nun einmal nicht ihre Sache. Auch Sohn Andrea, sonst immer mutig und eher ein Draufgänger, traut den Helis nicht ganz und nimmt schon als Kind lieber die Anstrengung in Kauf, zu Fuss oder auf Skiern zur Hütte zu gelangen. So sind es nicht nur Kostengründe, warum Irma und Andrea an einem Samstag im Frühling auf Skiern zur Hütte fahren wollen. Es ist der Beginn der Schulferien, und Irma ist deshalb am Samstagvormittag ins Tal gefahren, um den achtjährigen Andrea abzuholen. Poppa wird gleichzeitig von der Nane abgeholt, sie darf die Ferien in Maienfeld verbringen.

Mutter und Sohn fahren bis zur Bergstation der Corvatschbahn, um von da bis zur Hütte abzufahren. Es gibt weder eine gewalzte, gesicherte Piste noch Markierungen, aber sogar Andrea kennt den Weg zur Hütte bestens, und Irma ist ihn schon unzählige Male gefahren. In ungefähr einer halben Stunde sollten sie die Hütte erreichen. Als sie aber die ersten Schwünge in den Hang machen, ist der Schnee viel schwerer und nasser als erwartet. Die vergangene Nacht war bedeckt, und die Temperaturen jetzt, Ende April, sind nicht tief genug, um die Schneedecke gefrieren zu lassen. Heiss fährt ihr die Angst vor einem Schneerutsch oder einer Nassschneelawine ein. Andrea ist schon vorausgefahren, es gibt also kein Zurück. Immer wieder sackt Irma, die einen schweren Rucksack trägt, mit den Skiern in den Kurven ein und braucht alle Kraft, um sich aus dem betonschweren Schnee wieder herauszuarbeiten. Schweiss rinnt ihr in die Augen; sie weiss nicht, ist es die Anstrengung oder die Angst, die sie so zum Schwitzen bringt. «Warte nicht», schreit sie Andrea zu. «Fahr in den nächsten Hang!» Und sie sieht mit Erleichterung, wie Andrea, der viel leichter ist und keinen Rucksack trägt, in den nächsten Hang fährt und locker hinunterkurvt. Ihn trägt der Schnee offenbar gerade noch. Als sie mehrere

Hänge durchquert haben und sie Andrea endlich unten, ausserhalb des Gefahrenbereichs, stehen und warten sieht, atmet sie auf. Kurz darauf kommt auch sie unten an und hält schwer atmend und mit zitternden Knien neben Andrea. Er strahlt sie an: «Das war jetzt supercool, gell, Mama!»

Vermutlich hätte Irma an jenem Samstag im Helikopter doch weniger geschwitzt als auf den Skiern. Aber sie hat zu oft von Unfällen erfahren und einige dramatische und sogar tragische Situationen miterlebt, als dass sie sich in einem Heli wirklich hätte sicher und wohlfühlen können. Auch wenn in diese Unfälle nie die HeliBernina involviert war.

Eines Tages im Sommer – Irmas Tochter Poppa ist längst erwachsen – ruft Urs, ein Freund von Poppa, an. Er ist Helipilot und fliegt ab und zu im Helikopter eines Bekannten Touristen in die Engadiner Berge. Er fahre nächstens zum Flugplatz, um mit zwei Passagieren zu einem Rundflug zu starten, und er könne ihr gerne etwas bringen, falls sie etwas brauche. Irma ist gerührt, dass Urs an sie denkt, hat aber für den folgenden Tag bereits einen Transport organisiert, und ohnehin sind zurzeit nur wenige Gäste in der Hütte. Sie dankt Urs und wünscht ihm einen guten Flug. Einige Zeit später, als sie gerade ein kleines Mittagessen für sich, Hitta und Milan in der Küche auf den Tisch stellt, hört sie den Lärm eines Helis. «Das tönt merkwürdig, da stimmt etwas nicht», denkt sie, und schon ist ein fürchterliches Krachen zu hören. Während Hitta und Milan nach draussen rennen, ruft sie die Schweizerische Rettungsflugwacht Rega an, bei der Coaz-Hütte sei ein Heli abgestürzt. Dann rennt auch sie hinaus. Der Helikopter ist oberhalb der Hütte gegen die Moräne geprallt, dort hängen geblieben und droht, auf die Hütte abzustürzen. Es ist der Heli, den Urs jeweils fliegt. Entsetzt starrt Irma einige Sekunden wie gelähmt in die Höhe, die wenigen Gäste auf der Terrasse springen auf und bringen sich in Sicherheit. Hitta und Milan klettern mit einem Feuerlöscher ausserhalb der Gefahrenzone zur Unfallstelle hoch. Als die Rega eintrifft, hängt der Heli noch immer an derselben Stelle. Die Insassen werden geborgen: Ausser Urs, dem Piloten, sind es seine Passagiere, ein alter Mann und dessen Sohn. Der Sohn wollte dem Vater zum 80. Geburtstag seinen langjährigen Wunsch, einen Helikopterflug im Gebirge, erfüllen. Der Pilot wird mit einer Wirbelsäulenverletzung direkt ins Paraplegikerzentrum Nottwil, der Sohn, der nur leicht verletzt ist, zur Beobachtung ins Spital Samedan geflogen; der Vater ist tot.

Der Zufall will es, dass wenige Minuten nach dem Aufprall auch Ueli Bärfuss, der Chefpilot der HeliBernina, bei der Coaz-Hütte landet. Die Tochter eines Mechanikers der HeliBernina sitzt bei ihm im Helikopter. Sie wird während der Schulferien bei Irma auf der Hütte aushelfen, und Ueli wollte sie dort absetzen. Irmas Notruf an die Rega kurze Zeit nachdem die beiden gestartet waren, löste bei HeliBernina Angst und Schrecken aus, weil alle glaubten, Ueli Bärfuss und das junge Mädchen seien abgestürzt. Nun kann aber neben der Schreckensbotschaft, dass ein Mensch tot und zwei verletzt geborgen worden sind, immerhin auch die frohe Botschaft ins Tal übermittelt werden, dass Ueli Bärfuss und das Mädchen wohlauf sind.

In der Nacht nach diesem Unfall schläft Irma wenig. Der Schrecken hat Erinnerungen an alle möglichen dramatischen und gefährlichen Situationen der vergangenen Jahre wachgerufen. Schon einmal ist ein Heli direkt bei der Hütte abgestürzt, und damals sass Hitta drin: Eines Tages, in den frühen 1980er-Jahren, erscheinen der Chefredaktor eines Modemagazins und ein Fotograf in der Coaz-Hütte. Sie wollen die Sommermode des kommenden Jahres auf einem Gletscher, mit einem imposanten Gipfelpanorama im Hintergrund, fotografieren. Vier Fotomodelle, eine Make-up-Spezialistin, eine Coiffeuse, der Fotograf mitsamt Assistentin und natürlich der Redaktor werden alle in den nächsten Tagen mit der Kleiderkollektion zur Hütte kommen und von da zum Gletscher fliegen. Hitta soll sie als Bergführer begleiten, um für ihre Sicherheit auf dem Gletscher zu sorgen. Er freut sich. Nicht nur ist die Bezahlung gut, er kann der Vorstellung, mit den attraktiven Models in ihren hübschen Sommerkleidern und Badeanzügen zum Gletscher zu fliegen und sie dort zu betreuen, durchaus etwas abgewinnen.

Das Modeteam wird, an einem wunderschönen Sonntag, bei herrlichem Fotowetter in einem Helikopter der Heliswiss frühmorgens mit unzähligen Koffern und Taschen zur Hütte gebracht. Es ist noch sehr kalt, und das ganze Team versammelt sich dankbar in der warmen Küche. Hitta und der Pilot besprechen noch einmal die genaue Lage des Landeplatzes auf dem Gletscher. Sie wollen zusammen mit dem Fotografen und dem Redaktor auf dem Gletscher alles einrichten und erst dann den Rest des Teams von der Hütte abholen. Die Fotomodelle, alle bereits perfekt als Sommerschönheiten geschminkt und frisiert, dürfen inzwischen an der Wärme warten. Als Irma den Piloten sieht, beschleicht sie ein mulmiges Gefühl. Sie kennt ihn und weiss, dass er nur als Aushilfe fliegt und wenig Erfahrung hat. Auch Hitta ist nicht sonderlich begeistert von der Idee, mit ihm zu fliegen.

Irma verabschiedet sich von den Männern und will sich ihren Vorbereitungen für einen arbeitsintensiven Sonntag zuwenden, als der Heli startet. Sekundenbruchteile später hört sie einen Knall, dreht sich blitzschnell um und sieht, wie sich der Heli mehrmals unkontrolliert dreht und an einem vorstehenden Felszacken unterhalb der Hütte hängen bleibt, dann einige Meter tiefer unten aufschlägt.

Der Erste, der bei der Unfallstelle eintrifft, ist Hittas Hund. Wild kläffend stürzt er sich auf Hitta, der blutüberströmt neben dem Heli liegt. Er wurde aus dem Wrack herausgeschleudert. Glücklicherweise sieht es dramatischer aus, als es ist. Er hat sich das Nasenbein gebrochen und blutet heftig aus der Nase. Das muss zwar später im Tal vom Arzt gerichtet werden und ist äusserst schmerzhaft, aber im Vergleich zu dem, was auch hätte geschehen können, eine harmlose Sache. Der Pilot erlitt einen Knöchelbruch, während der Fotograf und der Redaktor wie durch ein Wunder mit ein paar blauen Flecken davongekommen sind. Nach kurzer Zeit treffen weitere Helis ein, zur Bergung der beiden Verletzten und zur Unfallaufnahme. Irma betreut und beruhigt derweil das Modeteam in der Hütte und hilft beim Zusammenräumen von dessen Sachen, aber als ein Heli die Models ins Tal zurückfliegen soll, weigern sie sich ausnahmslos, einzusteigen; sie wollen alle lieber zu Fuss gehen. Es kostet Irma einige Überredungskunst, ihnen klarzumachen, dass sie mit ihrem völlig unzulänglichen Schuhwerk und ohne jede Erfahrung in den Bergen keinesfalls allein zu Fuss ins Tal gehen können und sie sich – ob sie wollen oder nicht – noch einmal einem Helikopter anvertrauen müssen.

Vom Bergneuling zum Hüttenprofi

«Angst kenne ich eigentlich nicht. Doch man darf kein Risiko eingehen in den Bergen.»

Chefin in einer Männerwelt

In den ersten zehn bis fünfzehn Jahren des Hüttenlebens mausert sich Irma vom Bergneuling zum Hüttenprofi. Einiges von der ursprünglichen Romantik, die sie in der alten Hütte so liebte, gibt es in der neuen nicht mehr oder nur noch selten. Die Tage, die sie ganz allein in der Hütte verbringt, lassen sich an einer Hand abzählen; wenn Hitta mit Gästen unterwegs ist, ist meistens mindestens ein Angestellter da. Die stillen Stunden, in denen sie Natur, Fauna und Flora beobachtet, sind seltener, dafür diejenigen, die mit Arbeit und Hektik gefüllt sind, häufiger. Bina, das Maultier, und Hittas Schäferhund Arno, die für die junge Hüttenwartin manchmal eine rechte Herausforderung, aber auch treue Gefährten waren, sind von Hittas blondem Fuchs Gipsy und der schwarzen Schäferhündin Bea abgelöst worden.

In diesen Jahren beginnt sich die Rollenverteilung zwischen Irma und Hitta allmählich zu verschieben. Obwohl Irma weder offiziell eingestellt noch anerkannt ist als Hüttenwartin, arbeitet das

Paar absolut partnerschaftlich, und im Laufe der Jahre wird immer deutlicher, dass Irma die eigentliche Chefin in der Hütte ist, obwohl sie selbst und alle Angestellten Hitta «Chef» nennen. Manchmal wird Irma gefragt, wer das sei, der ständig mit einem Geschirrtuch über der Schulter herumlaufe? «Das ist der Chef», sagt sie dann jeweils. – «Ach so? Wir dachten, Sie seien der Chef!» – «Nein, das ist der Chef. Ich bin hier angestellt.» Wenn Hitta Claudia einen Auftrag gibt, sagt diese automatisch: «Ja, Chef», und blickt dabei Irma an. Warum Irma und die Angestellten dieses Spiel spielen und wer daran am meisten Spass hat, ist unklar; was jedoch absolut klar ist: Irma ist für die ganze Infrastruktur zuständig, für Übernachtung und Verpflegung und trägt auch die Verantwortung dafür. Sie ist es, die – mit wenigen Ausnahmen – immer in der Hütte präsent ist, sie leitet die Angestellten an, und sie setzt sich mit den Gästen auseinander, wenn es Probleme gibt.

Hitta ist oft auf Touren unterwegs, manchmal mehrere Tage lang. Und wenn er da ist, übernimmt er am liebsten die Rolle des Gastgebers, der die Gäste willkommen heisst, mit ihnen auf der Terrasse oder am Abend in der Stube ein Glas Wein trinkt, alle möglichen Fragen beantwortet oder sie mit Geschichten unterhält, die wahr sind oder auch nicht. Einmal hört Irma, wie er ausländischen Gästen das Panorama erklärt. Ihr stehen die Haare zu Berge, denn Hitta bezeichnet kaum einen Gipfel mit seinem richtigen Namen. Als sie ihn schockiert darauf anspricht, grinst er und meint: «Spätestens nach zehn Minuten haben sie doch alles wieder vergessen.»

Je mehr Irma in ihre Rolle hineinwächst, je mehr sie über das Leben im Hochgebirge und in der Hütte lernt, desto klarer wird ihr, dass die Hütte trotz allem immer noch eine Männerwelt ist und sie als Frau und Hüttenwartin oft nicht ernst genommen wird. Es ist zwar durchaus nicht unangenehm, von Männern Komplimente zu bekommen und sogar in einem Magazinartikel als «schönste Hüttenwartin der Schweiz» gerühmt zu werden, aber das ändert nichts daran, dass es nicht einfach ist und sie viel Kraft kostet, sich Männern – aber auch Frauen – gegenüber durchzusetzen. Hitta hingegen braucht kaum je die Stimme zu erheben, und was er sagt, gilt. Er ist schliesslich der Hüttenwart, und Bergführer dazu. Und wenn er nicht präsent ist, glauben gewisse Gäste, sich mehr erlauben zu können.

In den ersten Jahren in der neuen Hütte gibt es manchmal Probleme mit altgedienten SAC-Mitgliedern. Ursprünglich war es üblich, dass sie ihr eigenes Essen mitbrachten, oft einen Suppenbeutel, den sie dann dem Hüttenwart zum Kochen übergaben, und wenn mehrere Gäste da waren, wurde aus den verschiedenen Beuteln für alle eine Suppe gekocht. Irma hat sich in solchen Situationen schon oft geärgert; vor allem dann, wenn die Herren, nachdem sie ihre Suppe und ihr Mitgebrachtes verzehrt haben, vom Tisch aufstehen und ihr das Wegräumen des schmutzigen Geschirrs überlassen, ohne sie eines Blickes zu würdigen.

Eines Tages, in Irmas ersten Hüttenjahren, kommt ein Goldschmied aus Basel mit seiner Freundin auf die Hütte. Zur Abendessenszeit setzen sich die beiden an einen Tisch, er bestellt einen Dreier Veltliner und drückt Irma wortlos einen Beutel Tomatensuppe in die Hand. Wenig später werden ihnen der Wein und zwei Teller mit hübsch angerichteter Suppe inklusive etwas Brot serviert. Er beschwert sich umgehend, das sei nicht seine Suppe. «Nein, das ist die Suppe, die für heute Abend für alle vorbereitet wurde.» Die werde er nicht essen, erklärt er, das sei nicht seine Suppe. «Leider gibt es heute Abend nur diese Suppe.» Als die Suppe kalt ist, ohne dass die beiden sie angerührt haben, räumt Irma die Teller ab. Am folgenden Morgen weigert sich der Mann, die Übernachtungen zu bezahlen, weil ihm nicht seine Suppe serviert worden sei. Er zieht seine Schuhe an und schiebt seine Freundin zur Hüttentüre hinaus. Die anderen Gäste und Hitta sind bereits zu Touren aufgebrochen, und Irma ist allein. Doch jetzt reicht es ihr: Sie stellt sich vor den Mann hin und fordert ihn auf, sofort die Übernachtung zu bezahlen. Wütend, mit hochrotem Kopf greift er in die Kiste neben der Türe, in der das Holz für die Küche aufbewahrt wird, nimmt ein Scheit und erhebt es drohend. Irma erschrickt, fürchtet, er werde es ihr an den Kopf werfen, und ruft Bea, der schwarzen Schäferhündin, die knurrend neben ihr sitzt, zu: «Fass!» Diese springt auf und packt den erhobenen Arm des Mannes. Dessen Freundin schreit auf, aber die Hündin beisst nicht wirklich zu. Ein paar blaue Flecken wird der Mann trotzdem davontragen. Im Tal begeben sich die beiden unverzüglich zur Polizei und erstatten Anzeige. Der Mann verlangt Schmerzensgeld. Auch Irma erstattet Anzeige, wegen Zechprellerei. Der Fall kommt tatsächlich vor Gericht, und der Mann muss sowohl die Gerichtskosten als auch eine Busse bezahlen.

Irma ist im Allgemeinen grosszügig mit ihren Gästen, aber wenn jemand versucht, sich vor dem Bezahlen zu drücken, kann sie rabiat werden. Dabei geht es ihr mindestens so sehr um Anstand und Gerechtigkeit wie um das Geld. So sehr sie die Arbeit auf der Hütte liebt, es ist harte Arbeit und kein Hobby, und die Einnahmen sind ein wichtiger Teil ihres Lebensunterhalts. Vor allem, wenn die Hütte voll belegt ist, kommt es vor, dass gewisse Natur- und Bergfreunde annehmen, Irma verliere den Überblick darüber, wer bezahlt habe und wer nicht. Aber die irren sich. Da Irma jedem Gast bei der Ankunft seinen Schlafplatz persönlich zuweist und sich dabei die Gesichter merkt, merkt sie auch, wenn jemand, ohne zu bezahlen, zu verschwinden versucht. So wie die beiden nicht mehr ganz jungen Österreicherinnen, die eines Morgens von der Hütte wegmarschieren, ohne bezahlt zu haben. Schnell schickt Irma ihre Angestellte hinterher, um einzukassieren. Sie kommt unverrichteter Dinge wieder zurück, die Frauen hätten bereits bezahlt. Irma weiss mit absoluter Sicherheit, dass das nicht der Fall ist, und die Lüge der beiden Frauen ärgert sie so sehr, dass sie, obwohl sie barfuss ist und draussen zum Teil noch Schnee liegt, den beiden hinterherrennt. Jede der beiden behauptet, die andere habe für beide bezahlt. Irma ist empört: «Ihr habt hier ein gutes Abendessen bekommen, ihr habt bequem und warm geschlafen, und ihr habt soeben ein anständiges Frühstück gegessen. Warum weigert ihr euch, dafür zu bezahlen?» Die Antwort kommt postwendend: «Sollen wir auch noch bezahlen dafür, dass du sämtliche gut aussehenden Männer zu dir in die Küche gelockt und sie den ganzen Abend dort bezirzt hast, sodass kein einziger für uns übrig geblieben ist und wir allein ins Bett mussten?!» Jetzt kocht Irmas Zorn über: «Die Männer waren in der Küche, ja. Aber sie waren nicht in meinem Bett! Glaubt ihr eigentlich, es sei meine Aufgabe, euch Männer zuzuhalten? Und glaubt ihr, das sei ein Puff hier oben? Ihr bezahlt jetzt sofort die fünfzig Franken, die ihr mir schuldet.» Sie packt eine der beiden und zerrt ihr den Rucksack herunter. Daraufhin packt die andere Irma, und es kommt zu einem Handgemenge, aber obwohl Irma allein und obendrein barfuss ist, geht sie schliesslich mit fünfzig Franken in der Hand zur Hütte zurück. «Nicht mit mir!», knurrt sie vor sich hin.

Nach diesem Zwischenfall beschliesst sie, sich nie mehr wegen Geld dermassen aufzuregen, aber dann geschieht es noch einmal, als eine vierköpfige Männergruppe aus Deutschland eine ganze Woche lang mit Halbpension auf der Hütte wohnt und die Männer ihr direkt ins Gesicht sagen, sie gedächten nicht, zu bezahlen, als sie ihnen am letzten Tag die Rechnung auf den Tisch legt. «Sonst kommen wir jeweils zur Hütte, wenn sie nicht bewirtschaftet ist und wohnen dann im Winterraum. Wir bezahlen nie etwas», erklären sie. Es ist Vorschrift, dass in jeder SAC-Hütte, wenn kein Hüttenwart anwesend ist, ein Raum mit acht Matratzen und einem Ofen für Notsituationen zugänglich sein muss. Offenbar gibt es Bergfreunde, die das gezielt ausnutzen, um nichts bezahlen zu müssen. Die Männer wissen, dass Irma machtlos ist. Und sie weiss es auch. Sie ist zurzeit allein, Hitta ist auf Tour, und da sie nur die Namen der Männer kennt, jedoch keine Adressen hat, kann sie sie auch nicht der Polizei melden. «Wie ihr meint», sagt sie. «Wenn ihr das für richtig haltet ... Ich diskutiere nicht mit euch. Und – unter uns gesagt – ich bin ja schliesslich Millionärin und arbeite nur zum Spass hier oben.» Sie geht zurück in die Küche. Als die Männer gegangen sind, sieht sie, dass die Rechnung und das Geld auf dem Tisch liegen.

Auch bei den Tagesgästen kann es vorkommen, dass sich jemand, ohne zu bezahlen, davonstiehlt. Wenn Irma dann hinterherrennt und sie höflich ersucht, doch vor dem Weggehen zu bezahlen, geben sie sich sehr erstaunt. «Ach ja, das hätten wir jetzt doch fast vergessen!» Aber glücklicherweise sind das die Ausnahmen, und es kommt sogar vor, dass Gäste, die tatsächlich vergessen haben zu bezahlen, später im Tal unten das geschuldete Geld für die Hüttenwartin hinterlegen.

In späteren Jahren, als die Hütte nach dem Anbau noch mehr Gäste beherbergen kann, geht Irma dazu über, die Kosten für die Übernachtung und eventuell Halbpension gleich bei der Ankunft der Gäste einzukassieren, damit es am Morgen, wenn alle aufbrechen wollen, keine Wartezeiten gibt wegen des Bezahlens. Und damit ist zugleich auch das Problem mit den Drückebergern gelöst.

In diesen eben erzählten Geschichten ist es Irma gelungen, sich Respekt zu verschaffen und sich durchzusetzen, auch ohne männlichen Beistand. Selbst wenn sie «nur» die Frau des Hüttenwarts ist, gesteht man ihr eine gewisse Autorität zu, wenn es um Belange von Haus und Küche geht. Ganz anders präsentiert sich die Situation hingegen, wenn es um das Verhalten und die Sicherheit in den Bergen geht. Irma ist häufig mit Hitta in den Bergen unterwegs, und nicht immer sind die Verhältnisse ideal. Sie hat viel gelernt und vieles erfahren über die Gefahren, die lauern können. Manche davon sind offensichtlich, andere nur erkennbar für jemanden, der die örtlichen Verhältnisse genau kennt. Natürlich ist sie dadurch nicht zur Bergführerin geworden, aber sie kann Gefahren besser einschätzen als manche Gäste auf der Hütte. Nur wird sie leider – anders als Hitta – nicht immer ernst genommen.

Im Frühling kommt einmal eine Gruppe von ungefähr zwölf jungen Leuten für eine ganze Woche auf die Hütte. In jugendlichem Überschwang und Übermut wollen sie gleich am ersten Tag auf den Glüschaint steigen. Das Wetter ist herrlich, und der Gipfel lockt. Das kann Irma gut verstehen, aber sie weiss, dass die Verhältnisse zurzeit sehr gefährlich sind. Es liegt zu wenig Schnee auf dem Gletscher, und die Schneebrücken über die Spalten sind nicht stabil. Sie schlägt den jungen Leuten deshalb eine andere, harmlose Tour auf den Chapütschin vor, von wo sie einen guten Überblick auf das Gletschergebiet hätten und sich alles genau anschauen könnten, um die Tour auf den Glüschaint für einen späteren Tag sorgfältig vorzubereiten oder gegebenenfalls zu entscheiden, ganz darauf zu verzichten. Aber die jungen Leute lachen sie aus. Irma merkt, dass sie wenig Ahnung von den Gefahren in den Bergen haben. Sie muss Klartext reden: «Lacht ruhig, aber eines sage ich euch: Wenn ihr heute da hinaufgeht, kann es Tote geben.»

Die Gruppe macht sich bereit, und Irma beobachtet, wie sie hochsteigen und nach einer Weile in einer Mulde am Fuss des Gletschers verschwinden. Während der folgenden Stunden blickt sie ab und zu zur Kante dieser Mulde hoch, denn wenn es ein Unglück gäbe, würde sicher einer der jungen Leute wieder zur Kante der Mulde aufsteigen und Zeichen geben. Als nichts dergleichen geschieht, hofft sie, es sei alles in Ordnung. Bald darauf jedoch bemerkt sie, dass ein Skifahrer zur Hütte heruntergefahren kommt. Er zittert an allen Gliedern. Einer seiner Kameraden sei in eine Spalte gefallen, er lebe noch, sie hätten mit ihm gesprochen, aber niemand von ihnen wisse, was zu tun sei, niemand könne helfen. Irma ruft sofort die Rega, aber trotz allen Bemühungen der Rettungsmannschaft kann der junge Mann schliesslich nur noch tot geborgen werden. Seine Kameraden kehren zur Hütte zurück, packen ihre Sachen und gehen. Alle vermeiden es, Irma ins Gesicht zu blicken. Wäre Hitta auf der Hütte gewesen – hätten sie ihm wohl geglaubt und ihre Tour aufgeschoben?

Immer noch mit Schrecken erinnert sich Irma an eine andere Situation, einmal im frühen Frühling. Zwei Ehepaare melden sich telefonisch für das bevorstehende Wochenende in der Hütte an. Irma sagt ihnen, dass derzeit wegen der extrem hohen Lawinengefahr niemand in der Hütte sei und auch in den nächsten Tagen niemand da sein werde, weil der Weg zur Hütte sehr gefährdet sei. Ja, dann würden sie es sich noch überlegen, meint der Mann am Telefon. Für Irma ist die Sache damit erledigt, denn sie geht davon aus, dass diese eindeutige Warnung der Hüttenwartin, welche die Witterungs- und Schneeverhältnisse kennt, ernst genommen wird. Eine Woche später erfährt sie, dass die beiden Paare ihre Warnung in den Wind schlugen und alle vier von einer Lawine erfasst wurden. Drei von ihnen wurden bis zum Gletscher hinunter mitgerissen, die vierte Person, eine Frau, blieb ziemlich weit oben in der Lawine stecken. Sie hatte zwar Luft zum Atmen, aber keine Chance, sich aus dem tonnenschweren Schnee zu befreien. Von der Hütte aus hätte man das Unglück bemerkt und sofort die Bergrettung alarmieren können, aber es war ja niemand in der Hütte. Als die Frau später tot ausgegraben wird, hat sie mehrere Knochenbrüche. Noch viele Jahre später schaudert Irma, wenn sie davon erzählt und sich fragt, wie lange die Frau wohl unbeweglich im Schnee eingemauert war und was in ihr vorgegangen sein mag, bevor sie starb.

Respektlosigkeit erlebt Irma nicht nur vonseiten der Männer, auch Frauen überschreiten manchmal die Grenzen des Anstands. Wenn sich jeweils der Frauen-Alpenclub in der Hütte anmeldet, weiss Irma, dass es schwierig werden kann. Eine Männergruppe hat soeben die Hütte nach einem Wochenaufenthalt verlassen. Es war eine ruhige, friedliche Woche, welche die Gäste und das Hüttenteam gleichermassen genossen haben. Nun trifft an einem regnerischen Nachmittag eine Gruppe des Frauen-Alpenclubs ein. In ihren nassen Kleidern und Schuhen fallen sie wie ein Überfallkommando in die Hütte ein. Laut schnatternd stürmen sie in die Küche, wo Irma mit einer Zeitung am Tisch sitzt, nachdem sie alles für das Abendessen vorbereitet hat. Drei grosse Töpfe blubbern auf dem Herd leise vor sich hin. Ohne sie eines Blickes zu würdigen, schieben die Frauen die Küchentücher beiseite, die an einer Schnur über den Töpfen auf dem Herd zum Trocknen aufgehängt sind, und hängen ihre eigenen nassen Sachen auf. Ihre Schuhe stellen sie rund um den Herd zum Trocknen auf. Dann setzen sie sich auf die freien Stühle und auf den Tisch. Jetzt wird es Irma zu viel. Sie steht auf und sagt: «Das ist meine Küche, und im Übrigen klopft man hier an», und dann weist sie die Frauen an, ihre Kleider in der Stube aufzuhängen, wo ebenfalls ein Ofen stehe, und die Schuhe mit Zeitungspapier auszustopfen und zum Trocknen in den Flur zu stellen. Eine der Frauen faucht Irma an, wenn das ihre Küche sei, dann solle sie gefälligst dafür sorgen, dass das Essen rechtzeitig auf den Tisch komme, statt Zeitung zu lesen!

In diesem Moment tritt Hitta in die Küche. Für einen Augenblick ist er sprachlos, dann sagt er lauter als für ihn üblich: «Tut, was Irma euch sagt!», worauf die Frau zu keifen beginnt und auch ihn aufs Übelste beschimpft. Und nun geschieht etwas, das einmalig ist in der Coaz-Hütte: Hitta stellt sich vor die Frau hin und befiehlt ihr, ihre Sachen zu packen und die Hütte unverzüglich zu verlassen. Wenn sie sich beeile, könne sie es noch bei Tageslicht ins Tal hinunterschaffen. Die anderen Frauen der Gruppe machen betretene Gesichter und räumen eilig ihre Sachen aus der Küche. Hitta schliesst die Türe hinter ihnen mit Nachdruck. «So eine unverschämte Hexe!», sagt er. «Wenn sie in zehn Minuten nicht draussen ist, helfe ich nach.» Noch nie hat ihn Irma so wütend gesehen.

Später beim Abendessen, das ruhig verläuft, meint eine der Frauen: «Ich bin froh, dass sie gegangen ist, wenn sie dabei ist, gibt es immer Unfrieden.» An diesem Abend zweifelt niemand in der Hütte daran, wer der «Mann mit dem Geschirrtuch über der Schulter» eigentlich sei. Wenn es nötig ist, kann er sich blitzartig vom freundlichen Gastgeber in den «Chef» verwandeln.

Gruppendynamik

Eine Berghütte ist eine Welt für sich. Die raue Umgebung und die Gefahren des Hochgebirges, der knappe Raum und die beschränkten Ressourcen machen das Einhalten von Regeln und eine minimale Rücksichtnahme unerlässlich, vor allem, wenn grössere Gruppen zur Hütte kommen. Eine besondere Herausforderung für Irma sind Schulklassen oder Jugendgruppen, aber im Laufe der Jahre gewinnt sie immer mehr Sicherheit im Umgang mit Kindern und Jugendlichen, und meistens beherbergt sie sie gern – wohl nicht zuletzt, weil sie inzwischen selbst Mutter von zwei Teenagern ist. Manchmal sind es jedoch weniger die Kinder oder Jugendlichen als ihre erwachsenen Betreuer und Begleitpersonen, die bei Irma Kopfschütteln auslösen. Haben sie keine Ahnung vom Leben in einer Hütte, von den Gefahren in den Bergen? Sind sie gleichgültig, zu bequem oder schlicht dumm? In welchen Situationen und zu welchem Zeitpunkt muss sie eingreifen, wenn die Begleitpersonen es nicht tun? Wer trägt letztlich die Verantwortung? – Das sind Fragen, mit denen sich Irma in ihren späteren Hüttenjahren vermehrt konfrontiert sieht.

Einmal trifft am späten Nachmittag eine Schulklasse ein, von der Fuorcla Surlej herkommend, die beiden Lehrpersonen an der Spitze der Gruppe. Erst beim Eintreten in die Hütte bemerken die Lehrer, dass drei Schüler fehlen. Irmas Aufforderung, sie sollten die Schüler suchen gehen, schlagen die beiden in den Wind. Das seien drei, die immer eine «Extra-Einladung» bräuchten, die würden schon noch kommen. Auch Irmas Einwand, dass hier, angesichts möglicher Gefahren im Hochgebirge, eine andere Einstellung angebracht sei, verhallt ungehört. Die beiden Lehrer und ihre Schüler richten ihre Schlafplätze ein und setzen sich dann zum Abendessen an den Tisch. Die Sonne ist längst untergegangen, und es dämmert. Bald wird es dunkel sein. Wenigstens ist das Wetter gut. Trotzdem wird Irma zunehmend unruhiger. Soll sie einen Suchtrupp aus dem Tal anfordern, während die eigentlich Verantwortlichen sorglos am Tisch sitzen und ihren Wein trinken? Sie tritt zu ihnen: «Meint ihr nicht, es sei höchste Zeit, die drei Buben zu suchen? Wer weiss, was passiert ist.» In diesem Moment – neun Uhr ist schon vorbei – klingelt das Telefon. Der Anruf kommt aus der Tschierva-Hütte: Die Schüler seien vom Weg abgekommen; einer sei in einen Bach gestürzt und habe sich den Arm gebrochen. Glücklicherweise hätten sie dann mit dem Verletzten den Weg in die Tschierva-Hütte gefunden. Irma traut ihren Ohren nicht: Die Tschierva-Hütte liegt auf der gegenüberliegenden Seite des Rosegtals; die Schüler müssen also bis ins Tal hinunter- und auf der anderen Talseite wieder hochgestiegen sein. Da hätte weit Schlimmeres geschehen können.

Auch während des Aufenthalts einer höheren Klasse einer Kantonsschule stellt sich die Frage, wer nun das grössere Problem ist, die Schülerinnen und Schüler oder die beiden Lehrpersonen, ein Geografielehrer und eine Französischlehrerin. Kaum in der Hütte angekommen, packen die Schüler ihre mitgebrachten Schnapsvorräte aus, und zwei Stunden später liegen einige von ihnen sturzbetrunken vor der Hütte. Die ersten mussten sich bereits übergeben. Irgendwo in einem Hotel in einer Stadt wäre das ein höchst ärgerlicher Mangel an Anstand und Rücksichtnahme auf andere Gäste; hier jedoch kann eine lebensgefährliche Situation entstehen. Ein Sturz über die kleine Umfassungsmauer der Terrasse bedeutet ein Sturz in steiles, felsiges Gelände. Der Lehrer und die Lehrerin, welche die Klasse begleiten, sind nirgends zu sehen. Wütend klopft Irma an die Tür ihres Zimmers, und als niemand antwortet, öffnet sie die Türe und findet die beiden im Bett miteinander. Jetzt platzt ihr der Kragen: «Verdammt noch mal!

Ihr seid da, um eure Schüler zu beaufsichtigen! Sofort! Ich lehne jede Verantwortung ab, wenn einer über die Felsen hinabstürzt!»

Eine ganz andere Erfahrung macht Irma mit einer Gruppe junger Männer, deren Aufenthalt ihr im Voraus einiges Kopfzerbrechen bereitet hat. Es handelt sich um eine beaufsichtigte Gruppe jugendlicher Straftäter aus einem Massnahmenzentrum. Sie sind als Selbstversorger zur Hütte gekommen, kochen im Winterraum ihr eigenes Essen und marschieren jeden Tag zur Corvatschstation, um Nachschub zu holen. Das gehört offenbar zum Programm, das sie absolvieren müssen. Zurzeit helfen zwei minderjährige Mädchen aus Schmerikon in der Hütte aus, und Irma fürchtet Komplikationen. Sie warnt die beiden eindringlich, sich von den Burschen fernzuhalten. Bald stellt sie jedoch fest, dass sich die jungen Männer tadellos verhalten. Offensichtlich gefällt es ihnen in der Hütte, und sie geniessen es, dass ihnen hier mehr Freiheiten eingeräumt werden als in ihrem Alltag. Wenn sie am Abend nach dem Essen den Winterraum wieder in Ordnung gebracht haben, kommen sie gerne in die Küche, um mit den Mädchen und Irma zu plaudern, und noch bevor ihre Zeit in der Hütte vorüber ist, haben fast alle ihre teils dramatischen, teils tragischen Lebensgeschichten erzählt. Und tatsächlich, eines der Mädchen verliebt sich in einen der Burschen, aber beide verhalten sich zu Irmas Zufriedenheit, und sie freut sich, später zu erfahren, dass die beiden noch lange in Kontakt geblieben sind.

Ebenfalls eine gute Erinnerung ist jene an eine französische Gruppe gestandener Männer, die im Frühling, wenn es immer etwas ruhiger zu- und hergeht, mit einem Geistlichen eine Woche in der Coaz-Hütte verbringen. Jeden Morgen, bevor sie zu ihren Touren aufbrechen, breitet der Pfarrer draussen vor der Hütte ein königsblaues Tuch aus, stellt ein schlichtes Kreuz aus hellem Ahornholz und eine Kerze darauf, und die Männer versammeln sich zu einem kurzen Gebet. Anschliessend holt der Pfarrer aus einem Stoffsack Gläser hervor, füllt jedes davon sorgfältig mit Absinth aus einer Flasche, die er bereitgestellt hat, und gibt jedem der Männer ein Glas. «Santé!» – Am späten Abend, nach dem Essen, findet sich die Gruppe nach und nach in Irmas Küche ein, sie helfen beim Abtrocknen, erzählen von ihren Berg- und anderen Abenteuern, es wird viel gelacht und manchmal auch gesungen. Irgendwann schaut der Pfarrer herein, die Männer erheben sich und gehen in den Essraum zurück, wo der Pfarrer bereits wieder den kleinen Altar aufgebaut hat. Jetzt brennt auch die Kerze. Einmal liegt ein besonders geformter oder schön geäderter

Stein auf dem Altartuch, ein anderes Mal eine Blume oder ein Zweig. Der Pfarrer spricht ein paar Worte, dann beten alle miteinander, und wiederum füllt der Pfarrer für jeden ein Glas mit Absinth. «Santé et bonne nuit», und damit wird der Tag besiegelt.

Während dieser Woche ist die Welt auf der Coaz-Hütte in Ordnung. Es gibt immer wieder solche Zeiten, in denen nicht nur die Gäste, sondern auch das Hüttenteam ruhige, friedliche Tage geniessen kann. Wenn die Hüttenregeln befolgt werden und sich alle einigermassen rücksichtsvoll verhalten, fällt dem Team die Arbeit leicht, und sie haben zwischendurch auch einmal Zeit, um mit den Gästen entspannt zusammenzusitzen und zu plaudern. Und manchmal werden solche Gespräche überraschend persönlich.

Es muss wohl in einer solchen entspannten, ruhigen Phase gewesen sein, als ein Elternpaar, welches sich grosse Sorgen um seinen drogensüchtigen Sohn macht, für einige Tage in die Hütte kommt. Die beiden sind mit ihrer Weisheit am Ende; sie haben alles versucht. Die Lage der Hütte, weit ab von allem Bösen und ganz bestimmt weit weg von allen Drogen, das perfekt eingespielte Hüttenteam Irma, Hitta und Claudia, das mit Umsicht und Sicherheit den Alltag auf der Hütte gestaltet – all das erscheint diesen ratlosen Eltern als die Lösung all ihrer Probleme. Sie kommen zwei Wochen später wieder und bringen diesmal ihren Sohn mit, überzeugt davon, dass die Berge, das Hüttenleben und Irmas strenge Aufsicht bei ihm Wunder wirken werden. Nach einem Monat wird er ein anderer Mensch sein. Irma wehrt sich vehement; sie kann unmöglich die Verantwortung für diesen Burschen übernehmen, und sie will das auch nicht. Aber die Eltern lassen sich nicht von ihrer Idee abbringen: Diese Umgebung wird ihn von seiner Sucht heilen, er soll hierbleiben. Er blieb dann auch – für drei oder vier Tage. Dann verschwand er und tauchte weitere drei Tage später wieder bei seinen Eltern in der Stadt auf, vollgepumpt mit Drogen.

So unglaublich das klingen mag, dies ist nicht das einzige Mal, dass überforderte Eltern Irma bitten, ihre halbwüchsigen Kinder auf Zeit oder auch auf Dauer bei sich aufzunehmen, wenn diese mit sich, mit den Eltern, der Schule oder der Ausbildungssituation nicht mehr zurechtkommen. Mehrmals muss sich Irma gegen solche Ansinnen wehren und klarstellen, dass eine Berghütte, und sei sie noch so eindrucksvoll gelegen und noch so gut geführt, ganz bestimmt keine Therapiestation für gestrandete Jugendliche ist und sie selbst, obwohl Mutter und erfahrene Hüttenwartin, keine Therapeutin.

Irma und Christian

«Die Hütte bedeutete uns beiden viel. Da waren wir uns sehr nahe. Und keiner von uns hätte sie alleine führen können.»

Gemeinsam leben, gemeinsam arbeiten

Es ist nun an der Zeit, die Beziehung zwischen Irma und Christian etwas genauer zu betrachten. Was bringt eine junge Frau dazu, alles, was die ersten zwanzig Jahre ihres Lebens prägte, hinter sich zu lassen und sich in eine Ehe und ein Leben zu stürzen, das in jeder Hinsicht fremd und bar allen gewohnten Komforts sein wird? Unwillkürlich denkt man an blinde Verliebtheit, an Leidenschaft, jugendliche Abenteuerlust und – in Irmas Fall – Protest gegen Konventionen und elterliche Autorität. Aus der Distanz und im Kontrast zum einengenden bürgerlichen Leben ihrer Familie in Schmerikon mag Irma das extrem einfache Leben in der Natur romantisch und als Inbegriff von Freiheit erschienen sein. Aber kann das gut gehen im Alltag? Werden die harte körperliche Arbeit, die Abgeschiedenheit, die finanzielle Unsicherheit, die vielen Verzichte auf Gewohntes und Selbstverständliches nicht ein zu harter Prüfstein für die Liebe des jungen Paars sein? Vor allem, wenn im Laufe der Zeit der Zauber der Verliebtheit nachlässt und sich der idealisierte Partner als ganz gewöhnlicher Mensch, mit ganz gewöhnlichen Mängeln und Schwächen, entpuppt?

Niemand wird erwarten, dass Irma und Hitta nie voneinander enttäuscht waren, dass die Zeit ihren gemeinsamen Traum nicht zurechtschliff, aber es kann auch niemand bestreiten, dass diese Liebe, so «unvernünftig» sie anfänglich zu sein schien, und die tiefe Verbundenheit der beiden ein Leben lang anhielten, allen Unkenrufen zum Trotz. Warum das so war, darauf gibt es keine schlüssige Antwort, höchstens Vermutungen.

Irmas Wahl, so falsch und unvernünftig sie in den Augen ihrer Familie und ihres damaligen Umfelds vielleicht war, stellte sich als viel klüger heraus, als sie es selbst damals ahnen konnte. Als Mädchen und junge Frau wollte sie vor allem frei sein, wollte die Welt sehen. Die Vorstellung eines geregelten Lebens in vorbestimmten Bahnen und einer Alltagsroutine stiess sie ab und machte ihr Angst. Eine Ehe nach dem Muster ihrer Eltern, in welcher der Mann befiehlt und die Frau gehorcht, löste Panikgefühle in ihr aus. Dabei war ihr unterschwellig klar, dass auch ihr Vater – obwohl Herr über Frau und Kinder – nicht frei war und sich den geschriebenen und ungeschriebenen Gesetzen von Tradition, Kirche und Gesellschaft unterwerfen musste, um seinen Platz im Kantonsrat zu erringen und zu halten – und um «jemand zu sein» im Dorf. Doch dieser Preis schien Irma zu hoch.

Das Leben, das sie mit Hitta zu Beginn ihrer Ehe auf 2500 Metern Höhe führt, lässt vieles, was in ihrer Herkunftsfamilie so wichtig war, absurd erscheinen. Das ganze Schmeriker Gebäude von Hierarchien und Autoritäten in Familie, Kirche, Dorfpolitik und -gesellschaft ist in dieser Welt bedeutungslos. Wenn es draussen eiskalt ist und man erschöpft in der Hütte anlangt, geht es nur darum, so schnell als möglich Feuer zu machen, Wasser für heissen Tee aufzusetzen und warm zu werden. Niemand hat das Sagen, niemand hat zu gehorchen. Alle Hände sind nötig, und Zusammenarbeit ist dabei das A und O. Befehle, die nur die Funktion haben, klarzustellen, wer hier bestimmt, wären geradezu lächerlich.

Wenn Lawinengefahr droht, geht es einzig und allein darum, nicht in die Lawine zu geraten, und man respektiert und befolgt die Anweisungen desjenigen mit der grössten Erfahrung. Jeder spürt, dass es dabei ums Überleben geht und nicht um Überlegenheit oder das Ausüben von Macht. Angesichts der Unerbittlichkeit der Naturgewalten und der Gefahren, denen alle gleichermassen ausgesetzt sind, gilt einzig: Jeder tut sein Bestes, setzt seine ganze Kraft ein.

In den ersten zwei Jahren in der alten Hütte sind Hitta und Irma vor allem damit beschäftigt, die Aufgaben, die sich stellen, gemeinsam zu bewältigen. Es geht um ihr eigenes Überleben und um die Sicherheit der Berggänger, die zur Hütte kommen. Dafür muss Irma zuerst einmal viel lernen, von Hitta und auch von der Nane, die von Anfang an ab und zu in der Hütte aushilft, damit sie die Arbeit und die Verantwortung so bald als möglich partnerschaftlich mit Hitta teilen kann. Endlich kann sie ihre ganze Energie *für* etwas einsetzen, statt sich *gegen* Einschränkungen und Bevormundung zu wehren, wie sie das ihre ganze Jugend hindurch glaubte, tun zu müssen. Und ohnehin hat sie inzwischen längst erfahren, dass es Hitta allein von seinem Wesen her fernliegt, andere kontrollieren oder dominieren zu wollen.

So sehr Irma Kontrolle und Dominanz hasste, so sehr verachtete sie alles, was sie für brav, angepasst und langweilig hielt; und nichts war in ihren Augen schlimmer als junge Männer, die – womöglich in Papas Firma – jeden Morgen pünktlich ins Büro marschierten und abends genauso pünktlich wieder nach Hause, die jeden Montag Fussball spielten und jeden Donnerstag zur Feuerwehrübung gingen, und das Woche für Woche, Jahr für Jahr. Immer vorhersehbar, immer berechenbar.

Dein Mann, das unbekannte Wesen

Da war Irmas erster Eindruck von Hitta damals in Arosa doch ein ganz anderer: Als «Spinner» wurde er bezeichnet, und «normal» war der junge Mann mit dem langen, schwarzen Bart, der mit einem Maultier und einem Schäferhund über die Berge wanderte, ganz bestimmt nicht. Und dieser Eindruck bestätigte sich im Laufe der Jahre, als Irma immer weitere Facetten von Hittas Persönlichkeit kennenlernte, die sie genauso aussergewöhnlich und faszinierend fand. Einige davon waren durchaus auch irritierend, einige wenige konnten sie sogar zur Verzweiflung treiben, aber die Faszination blieb immer grösser als die Irritation. Langeweile oder Monotonie gab es in einem Leben mit Hitta nicht, er war stets für eine Überraschung gut, egal, ob eine angenehme oder eine weniger angenehme. Und auch nach vielen Ehejahren blieb er in mancher Hinsicht ein Rätsel für Irma.

Zu seinen liebenswertesten Zügen gehörten zum Beispiel seine Vertrauensseligkeit und seine Gleichgültigkeit gegenüber materiellem Besitz, sie konnten Irmas Geduld und Verständnis aber auch sehr strapazieren. Er liess seinen Rucksack überall unbeaufsichtigt stehen und schloss aus Prinzip keine Türe ab. Mit Geld ging er sehr locker um. Da war zum Beispiel der warme, sonnige Herbsttag, an dem er bei der Bank 2000 Franken für ein Flugticket abhob, weil er kurz darauf einen Stammgast zum Heliskiing nach Kanada begleiten sollte. Er kam zur Mittagszeit nach Hause und legte das Bündel Hunderternoten, das der Schalterbeamte in einen offenen Umschlag gesteckt hatte, zusammen mit seiner Geldbörse aufs Fensterbrett – im Erdgeschoss und bei offenem Fenster. Als seine Schwägerin Hedi, die zufällig zu Besuch war, den Umschlag bemerkte und entsetzt reagierte, blickte er sie ganz erstaunt und verständnislos an. Worüber regte sie sich nur so auf?

In Armut aufgewachsen, hatte er gelernt, dass man mit sehr wenig Geld leben kann, und Geld bedeutete ihm sein Leben lang nichts. Wenn er es hatte, gab er es aus; wenn nicht, ging es auch irgendwie. Er war immer grosszügig; den Gästen auf der Hütte gegenüber oft so grosszügig, dass Irma einschreiten musste. Schliesslich bestand der Verdienst für die harte Arbeit auf der Hütte aus den Konsumationen der Gäste, und es ging nicht an, sie alle zu einem Gläschen Wein einzuladen. Wirklich übel nahm sie ihm jedoch, als ein älterer Stammgast, den er immer wieder auf die Engadiner Gipfel geführt hatte und der aus gesundheitlichen Gründen das Bergsteigen hatte aufgeben müssen, ihm als Abschiedsgeschenk und Dank 30 000 Franken überreichte und Hitta, ohne es mit Irma zu besprechen, die ganze Summe sofort an die 1963 neu gegründete Bergsteigerschule Pontresina weitergab. Geld, das der jungen Familie damals einiges erleichtert hätte.

Zuzeiten verursachte Hittas Sorglosigkeit Irma Sorgen, vor allem wenn diese Sorglosigkeit leicht in eine Katastrophe hätte münden können. Die Familie besass ab Anfang der 1970er-Jahre ein Auto, einen roten Simca, und Hitta pflegte das Auto jeweils vor dem Haus abzustellen, ohne es abzuschliessen. Meist liess er sogar den Zündschlüssel stecken. Eines Tages begannen Bussen wegen zu schnellen Fahrens im Bergell oder jenseits des Juliers im Hause Clavadetscher einzutreffen, obwohl weder Irma noch Hitta je dort unterwegs gewesen waren. Eines Morgens war das Auto verschwunden, und an seiner Stelle stand ein fremdes Auto. Hitta suchte im ganzen Dorf und fand den roten Simca sauber geparkt irgendwo am Dorfrand. «Siehst du», meinte er, «die ganze Aufregung war für nichts.» Aber Irma raufte sich die Haare: «Begreif doch, es hat sich unter den Jugendlichen im Dorf herumgesprochen, dass du dein Auto nicht abschliesst. Die machen dann nachts eine Spritztour oder fahren sogar nach Chur in den Ausgang und stellen es danach wieder vors Haus, wenn der Platz nicht wie gestern schon besetzt ist. Stell dir vor, sie würden einen Unfall bauen. Dann wären wir haftbar!» – Glücklicherweise schaute während dieser letzten Spritztour keiner der Jugendlichen ins Handschuhfach, denn Hitta hatte dort 4000 Franken deponiert, die er irgendwann zur Bank bringen wollte.

Fast eine Tragödie

Eine andere, höchst dramatische Geschichte, die Irma und Hitta beinahe um den ganzen Verdienst einer Frühlingssaison brachte – und Hitta das Leben hätte kosten können –, spielte sich im Frühling 1965, in ihrem dritten Ehejahr, ab, und sie soll hier erzählt werden: Es ist ein strahlender Tag Mitte Mai; im Unterland wagen die Allerkühnsten an diesem schon beinahe heissen Vorsommertag ein erstes Bad im See. Rund um die Coaz-Hütte, auf 2610 Metern, liegt noch Schnee, der Himmel ist enzianblau. Es ist ganz still, nur einige schwarze Bergdohlen segeln um die Felsen. Die Hilfskraft und die letzten Gäste der Saison sind schon am Vortag abgereist; glücklich, dass das schöne Frühlingswetter mit den kalten Nächten so perfekte Firnverhältnisse schuf und ihnen eine spektakuläre, letzte Frühlingstour auf den Piz Glüschaint erlaubte. Die Hütte ist aufgeräumt und sauber geputzt. Im Sommer zuvor gebaut und im September eingeweiht, hat sie sich in ihrer ersten Winter- und Frühlingssaison bewährt. In wenigen Wochen werden die ersten Sommergäste eintreffen, und dann wird es für einige Zeit vorbei sein mit der Ruhe.

Irma hat bereits ihre Skier angeschnallt und den schweren Rucksack umgehängt, der prall gefüllt ist mit Schmutzwäsche. Den Bauchgurt hat sie fest zugezogen. Ein Rucksack, der nicht festsitzt, kann sich in diesem schwierigen Gelände fatal auswirken. Arno, der Schäferhund, sitzt dicht neben Irma und beobachtet gespannt, wie Hitta die Hütte zuschliesst. Sein Schwanz klopft aufgeregt auf den Boden. Auch Irma schaut zu, wie Hitta dann, zufrieden vor sich hin pfeifend, seinen Rucksack aufnimmt, in die Skibindungen steigt, die Sicherheitsriemen zuschnallt und mit den Händen in die Schlaufen der Stöcke fährt. Der Abschied von der Hütte im Frühjahr ist immer ein besonderer Moment, der ihnen ganz allein gehört. Bilder aus den vergangenen zwei Monaten tauchen kurz noch einmal auf; fröhliche, ausgelassene Momente, aber auch spannungsgeladene und belastende. Jetzt überwiegt die Erleichterung, dass sie den Frühling ohne Unglücksfälle überstanden haben. Sie sind zufrieden, dass sie die vielfältigen Anforderungen bewältigt haben, welche die grössere Hütte neben dem Komfort, den sie bietet, an sie stellt, und sie freuen sich auf ihren kleinen Sohn und das Leben zu Hause im Tal.

Bevor Hitta mit einem kräftigen Stockstoss in den ersten Hang gleitet, dreht er sich kurz um zu Irma und sagt: «Pass auf, wenn wir zum See kommen. Das Eis trägt nicht mehr, wir müssen aussen rum.» – «Na ja, das weiss ich selbst», denkt sie, aber er ist weg, bevor sie ihm antworten kann. Der Hund schnellt auf, läuft seinem Meister hinterher, und auch Irma folgt in Hittas Spur, wie sie das immer tut. Der weiche Frühjahrsschnee ist jetzt, zur Mittagszeit, bereits schwer und der Rucksack sperrig. Aber sie geniesst die grossen Schwünge den Hang hinunter bis zum «Bödeli». Inzwischen ist sie eine sehr sichere Skifahrerin, und auch die folgende Abfahrt über die Gletschermoräne macht ihr keine Angst, obwohl sie so steil ist, dass keine weiten Schwünge mehr möglich sind. Stück für Stück arbeiten die beiden sich mit Stemmbogen abwärts. Unten am Steilhang angekommen, wo sie von Arno bereits hechelnd erwartet werden, rasten sie einen Moment, und Irma beobachtet einen Adler, der hoch oben kreist. Da wird sich wohl ein Murmeltier zum ersten Mal wieder an die frische Luft gewagt haben. «Hoffentlich findet es schnell genug ein Loch, um sich rechtzeitig in Sicherheit zu bringen», denkt sie. Hitta ist schon wieder losgefahren. Jetzt wird die Fahrt angenehmer, und entspannt schwingen sie die Gletscherzunge hinab, dem oberen Talende des Val Roseg und dem Gletschersee zu.

Plötzlich bremst Irma instinktiv mit einem scharfen Schwung ab und sieht zuerst verblüfft, dann entsetzt, wie Hitta, dicht gefolgt von Arno, auf den See gleitet und nach einigen Metern im Eis einbricht. Irma weiss nicht, wie tief der See an dieser Stelle ist, das Wasser ist im wortwörtlichen Sinne eiskalt, und Hitta hat Skier an den Füssen und einen schweren Rucksack am Rücken. Zudem krallt sich der Hund, der ihm blindlings folgte, in Panik an ihm fest. Es ist nicht klar, ob er damit seinen Meister oder sich selbst zu retten versucht.

Später weiss Irma nicht mehr, wie Hitta es geschafft hat, samt Skiern, Rucksack und Hund aus dem Wasser und dem Eis heraus wieder festen Boden unter die Füsse zu bekommen, und er weiss es wohl selbst nicht. Er steht jedenfalls am Ufer, tropfnass, und schlottert; vor Kälte und auch vor Schock. Glücklicherweise ist es Frühling, und die Sonnenstrahlen reichen mitten am Nachmittag noch bis zum Talboden hinunter. Trotzdem ist es kalt. Da gibt es nur eins: schnellstens raus aus den nassen Kleidern! Wortlos kramt Irma in ihrem Rucksack, und Hitta zieht ohne Kommentar an, was immer sie ihm von der Schmutzwäsche reicht. Nur um die nassen Skischuhe kommt er nicht herum; da muss er wieder rein. Auf der Schneedecke entlang des Sees geht es nur auf Skiern weiter. So schnell als möglich gleiten sie auf den letzten Schneeflecken bis zum unteren Ende des Sees. Dort ziehen sie die Skier aus, und Hitta wechselt von seinen nassen Tourenschuhen in ein Paar nasse Turnschuhe aus seinem Rucksack. Skier und Tourenschuhe lässt er stehen. «Die hole ich später einmal», sagt er. Irma schweigt, schultert ihre Skier, und nebeneinander gehen sie das Tal hinunter, am Hotel Roseg vorbei, das zu dieser Zeit noch geschlossen ist. Sie haben diesmal keine Augen für die erhabene Schönheit des Tals, auch nicht für die winzigen weissen Krokusse, die sich unmittelbar nach der Schneeschmelze als erste Lebenszeichen aus dem braunen Wintergras strecken. Der Bahnhof von Pontresina, den sie nach eineinhalb Stunden Fussmarsch erreichen, bietet das Einzige, was sie jetzt ersehnen: den Zug nach Samedan, nach Hause.

Was beide damals noch nicht ahnen können, ist die Lust, mit der ihre beiden Kinder, Andrea und Christine, Jahre später, als sie schon längst erwachsen sind, immer noch erzählen, wie ihr Vater in jungen Jahren einst auf Skiern in den Lej da Vadret gefahren und dann von ihrer Mutter mit der Schmutzwäsche aus dem Rucksack neu eingekleidet worden sei. Ganz besonders gern erzählen sie den letzten Teil der Geschichte: Als die Eltern endlich zu Hause, in ihrer Wohnung in Samedan, ankamen und Vaters nassen Rucksack öffneten, fanden sie zwei schwere, durchweichte Kartonschachteln; die eine voll mit Münzen, die andere mit einem durchnässten Klumpen Papier: Banknoten! Der Vater hatte in seinem Rucksack die gesamten Einnahmen der Frühlingssaison transportiert. Ohne eine Miene zu verziehen, nahm er den Klumpen in die Hand, löste sorgfältig eine Banknote nach der anderen und hängte jede mit einer Wäscheklammer zum Trocknen an eine Wäscheleine. Voilà. Kein Grund zur Aufregung. Nichts passiert.

Wie es dazu kommen konnte, dass Hitta, seines Zeichens Bergführer, trotz seiner eigenen Warnung wie ein unbedarfter Tourist in den Gletschersee fuhr und dabei hätte umkommen können, darüber wurde nie gesprochen. Und auch nicht darüber, was Irma dazu sagte. Die Geschichte selbst wurde erst später erzählt, als die Zeit sie nostalgisch verbrämt und in eine amüsante Anekdote verwandelt hatte.

Übrigens – auch dieses Detail gehört zur Anekdote: Als Hitta und Irma Wochen später auf dem Weg in die Coaz-Hütte durch die grünen Wiesen gingen und am Nordende des Lej da Vadret vorbeikamen, waren Hittas Skier verschwunden; offenbar hatte sich jemand gefreut, so günstig zu einem Paar Tourenskis zu kommen. Die Lederschuhe – beziehungsweise das, was alle möglichen kleinen Nager davon übrig gelassen hatten – lagen noch da.

Du holde Kunst …

Eine weitere, überraschende Seite von Hittas Persönlichkeit ist sein grosses Interesse an Literatur und seine Liebe zur modernen Kunst. Nach seinem Tod, viele Jahre später, wird er eine vielfältige, grosse Bibliothek und etliche Gemälde, einige von ihm selbst gemalt, zurücklassen.

Abends, zu Hause in Samedan, aber auch während der Hüttensaison, zieht er sich gerne früh zurück, um zu lesen oder zu schreiben. 1982, mit dem Anbau an die Hütte, wird eine Holzbaracke für die Bauarbeiter erstellt. Bevor dieses Holz zurück ins Tal geflogen wird, kauft es Hitta und erlangt die Erlaubnis, die Baracke an einem Standort etwas weiter hinten neu aufzubauen. Sie besteht aus zwei Räumen: einem für die Hühner und das Maultier oder das Pferd und einem für Hitta. Dies ist nun sein eigenes Reich, welches er «Sattelkammer» nennt; «meine Sattelkammer, wo in manchen Nächten die Sterne wundersame Träume singen», wie er in sein Tagebuch schreibt. Dahin zieht er sich zurück für sein Mittagsschläfchen, das ihm heilig ist, da verbringt er im Sommer, wenn es warm genug ist, die ganze Nacht, und da hat er Ruhe zum Lesen und Schreiben.

Dort schreibt er Zeilen wie diese: «Silbermond am dunklen Himmel, die Milchstrasse, über dem Morteratsch das Sternbild des grossen Bären, der Stern der Liebe. Unwahrscheinliches, märchenhaftes Lichtgeriesel über dem Gletscher, den Spalten.» Oder: «In den langen, blaudunkeln Herbstnächten wird geheimnisvoll ostwärts im Sternbild des Hundes der Sirius leuchten. Quer über den Himmel die

Milchstrassensysteme in glorioser Vielfalt, auseinanderstiebend wie einer Wunderkerze Funkengesprüh.»

Dort liest er Schriften grosser Philosophen und Religionsstifter, den Roman «On the Road» seines Lieblingsautors Jack Kerouac – und den *Playboy.* Während Jahren stapelt er die Zeitschrift in der Sattelkammer auf, bis eines Tages der Druck einer Lawine die ganze Baracke samt unzähliger dieser Hefte in den Abgrund befördert. Irma amüsiert sich glänzend bei der Vorstellung, wie Jahrzehnte später der Gletscher vielleicht irgendwo ein Bild aus einem *Playboy* freigeben wird. Den Verlust seiner Sammlung bedauert Hitta zwar, aber er kann ihn verschmerzen; den Verlust der Sattelkammer jedoch nicht. Er baut sie wieder auf und sichert sie diesmal mit Drahtseilen.

Seiner Leidenschaft für Malerei und Kunst frönt er vor allem in der Zwischensaison, am liebsten zusammen mit einem Bekannten, der diese Leidenschaft teilt. Die beiden Männer klappern im Auto im Laufe der Jahre etliche europäische Hauptstädte ab und besuchen dort unzählige Museen und Kunstgalerien. Das sind Ausflüge, die in Irma zwiespältige Gefühle auslösen. Erstens vermutet sie, dass die beiden Männer ab und zu auch sehr lebendigen Kunstwerken nachjagen, und zweitens bringt Hitta manchmal Gemälde mit, und sie beginnt sich zu fragen, wo er denn auch dafür noch Platz finden will neben all seinen eigenen Bildern und Fotografien. Über die Kosten der Bilder beginnt sie sich erst Gedanken zu machen, als sie beim Staubwischen zufällig auf der Rückseite einer Lithografie von Friedensreich Hundertwasser den Preis von 4000 Franken vermerkt sieht – eine Summe, die ins Familienbudget doch ein beträchtliches Loch gerissen haben muss. Aber eben: Hitta bringt Farbe in den Alltag, auch auf diese Weise.

Geschichtchen und Geschichten

Das tut er auch mit seinem unglaublichen Fabuliertalent. An sich ein ruhiger, nachdenklicher, oft auch zurückgezogener Mensch, der mehr liest und schreibt, als er spricht, ist er doch ein grossartiger Geschichtenerzähler, wenn das entsprechende Publikum vorhanden ist. An seinen Geschichten ist zwar immer irgendwo etwas Wahres, aber der Wahrheitsgehalt ist zweitrangig; vielmehr kommt es auf die Wirkung an, frei nach dem Motto «Se non è vero, è ben trovato», «Wenn es nicht die Wahrheit ist, so ist es doch gut erfunden». Am liebsten bindet er seinen Zuhörern einen Bären auf und freut sich, wenn sie schliesslich merken, dass sie hereingelegt worden sind; aber noch mehr freut er sich, wenn sie es nicht merken und ehrfürchtig über die Geschichte staunen.

Eine gute Gelegenheit für eine solche Geschichte bietet sich ihm, als er im Februar, irgendwann in den 1980er-Jahren, im Hotel Margna in Sils einen einwöchigen Langlaufkurs leitet und während dieser Zeit auch selbst im Hotel wohnt. Es nehmen vor allem Damen an diesem Kurs teil, und sie sind von ihrem attraktiven Lehrer sehr angetan. Alles möchten sie über ihn wissen: wo er wohne. Was er jeweils im Sommer mache – und vor allem: ob er verheiratet sei. Jeden Abend bestürmen sie ihn nach dem Kurs, beim Apéro in der Hotelhalle, mit Fragen und wollen ihn nicht gehen lassen. Er müsse jetzt aber unbedingt nach Hause, meint er am Freitagabend, denn jetzt sei es Zeit, den Kühen im Stall die Schwänze aufzubinden, und er könne nicht die ganze Woche alle Arbeit seiner Frau überlassen, die werde sonst böse. Die Damen lachen. Er, ein Bauer? Das würden sie nie und nimmer glauben! «Dann kommt mit und seht selbst», sagt Hitta, und die Damen steigen in ihre Autos und fahren hinter ihm her nach Samedan. Dort hält er vor einem Stall an, der zwei alten Nachbarinnen gehört, und führt die Damen hinein. «Seht ihr, die Schwänze sind schon aufgebunden, jetzt wird meine Frau mit mir schimpfen!» Die Damen staunen, steigen wieder in ihre Autos und fahren zurück ins Hotel.

Am Samstag ist der letzte Kurstag, und am Abend ist im Hotel «Diner Dansant» angesagt. Ob er nicht auch kommen wolle? – Warum nicht? Aber er müsse natürlich sein «Fraueli» mitnehmen. Die Damen sind etwas enttäuscht, beschliessen aber, nett zu sein zu der einfachen Bauersfrau, die sie erwarten. Zu Hause erzählt Hitta Irma vom Essen mit Tanz und fragt, ob sie zusammen hingehen wollen. Irma strahlt. Ja, gerne! Sie hat keine Ahnung von der Vorgeschichte, aber sie ist fest entschlossen, im Hotel Margna eine gute Figur zu machen. Nicht umsonst war man schliesslich Damenschneiderin! Es ist an diesem Abend nicht das erste und auch nicht das letzte Mal, dass Irmas Erscheinung Aufsehen erregt; die Damen trauen ihren Augen nicht: dieses hübsche Gesicht, diese perfekte Figur – und das Kleid! Erst auf dem Heimweg, als Hitta ihr die Geschichte mit den Kuhschwänzen erzählt, versteht Irma, warum er übers ganze Gesicht grinste, als er sie den Damen vorstellte, und warum diese so verdutzt dreinblickten. Ein wenig fühlt sie sich vorgeführt, aber dann muss sie doch lachen. Hitta bleibt eben Hitta.

Auch viele Jahre später erzählt Hitta einer Damenrunde eine Geschichte, die nicht ganz der Wahrheit entspricht, ihm aber den Ruf eines mustergültigen Ehemannes einbringt und Irma zur meistbeneideten Frau in Samedan macht – was sie aber erst später erfährt, als ihr eine Bekannte gesteht: «Einen solchen Mann wie Ihren möchte ich auch haben.» Während der Wochen, die Irma und Hitta jeweils im Tal, in Samedan, verbringen, kocht oft Hitta für sie beide, denn er kocht gerne. Er kauft auch gerne ein, und am allerliebsten geht er nach dem Einkaufen noch zum Apéro, wo er sich jeweils zu einer Gruppe Hausfrauen gesellt, die ebenfalls bei einem Campari oder Vermouth sitzen. Wenn es dann gegen zwölf Uhr geht und die Frauen sich gegenseitig ermahnen, es sei Zeit, nach Hause zu gehen, erhebt sich auch Hitta eilig und erklärt, er müsse sich sputen. Seine Frau sei jetzt sicher fertig mit Zeitunglesen und habe bestimmt schon bald Hunger; und er müsse doch vor dem Kochen noch die Wäsche aus der Waschmaschine nehmen und an die Leine hängen, damit sie bis zum Abend trocken sei und er sie zusammenlegen könne.

Hittas Gabe, mit Geschichten zu unterhalten und zu verblüffen, wird auch in der Hütte geschätzt. Wenn an schönen Tagen die Terrasse voll ist mit Wanderern und Tagestouristen, setzt er sich gerne dazu, und es dauert meist nicht lange, bis er beginnt, eine Geschichte zu erzählen. Das mögen die Gäste sehr, vor allem die Deutschen: ein Hüttenwart, der im Dialekt erzählt – das macht ihr Bergabenteuer erst so richtig echt und «urig». Auch wenn es Tage gibt, an denen das Hüttenteam gut noch zwei zusätzliche Hände gebrauchen könnte, die servieren, abräumen und aufräumen, findet Irma Hittas Talent, die Gäste zu unterhalten, mindestens so wichtig wie ihre eigenen Anstrengungen in der Küche und im Service. Sie weiss, dass es Gäste gibt, die genau deswegen zur Hütte kommen. Sie wundert sich höchstens ab und zu, wenn sie gerade mal wieder Getränke oder eine Portion Käse auf die Terrasse bringt und im Vorbeigehen Fetzen von Hittas Geschichten hört.

Einmal, als schon seit längerer Zeit Helikopter die Hütte mit dem Notwendigen versorgen, erzählt er offenbar gerade, wie er kürzlich mit seinem blonden Pferd Gipsy ins Tal hinuntergestiegen sei, um dringend benötigte Lebensmittel zu besorgen. Irma erinnert sich: Da er ohnehin ins Tal hinunterreiten wollte, sollte er gleich frische Früchte mitbringen. Als sie das nächste Mal an Hittas Tisch vorbeiflitzt, hört sie ihn gerade schildern, wie er bei seiner Rückkehr die Satteltaschen auspackte: zwei Schachteln mit Kaffeefiltern! Die Runde schaut ihn bewundernd an. Irma greift sich an den Kopf: Wie bringt er das nur fertig? Sie erinnert sich tatsächlich genau, wie er dem Pferd den Bastsattel abnahm, als sei er unendlich schwer, dann die Kaffeefilter auspackte und sich von den Gästen, die damals gerade auf der Terrasse sassen, wie ein Held dafür bestaunen liess. Als sie ihn nach den Früchten fragte, lachte er nur und meinte: «Die habe ich unterwegs an die Murmeltiere und Gemsen verfüttert.» Ob er das seinen Zuhörern jetzt wohl auch so erzählt? – Auf dem Weg zurück in die Küche schüttelt Irma den Kopf. Was hätte sie auch sagen sollen? Die Früchte waren ja weg, falls er sie überhaupt jemals gekauft hatte. Aber dann lacht sie. Typisch Hitta.

Diskutieren, philosophieren, fabulieren – da ist er in seinem Element. Wenn Urban, seines Zeichens Poet und Schafhirt, auf der Alp Murtel jeweils im Hochsommer seinen Geisskäse in die Hütte liefert, sitzen die beiden Männer stundenlang vor ihrem Wein auf der Terrasse und erfinden die Welt neu.

Irma hat gelernt, Hitta nicht zu korrigieren, wenn seine Fantasie beim Geschichtenerzählen überbordet, das war am Anfang gar nicht so leicht. Aber nach ein paar Jahren sitzt sie ruhig neben ihm, wenn er in Samedan ein paar Einheimischen erklärt, was das jeweils für eine Mühe sei, ein «Chrampf», wie er sagt, die Hütte ganz allein zu schmeissen, während sich seine Frau im Tal ausruhe, und sich dabei von ihnen bemitleiden lässt. Wenn dann Einheimische zur Hütte kommen und überrascht sind, Irma vor den brodelnden Töpfen in der Küche zu sehen, lacht sie nur und sagt: «Ja, seht, heute bin ich ausnahmsweise einmal da.»

Manchmal fragt sie sich wirklich, ob Hitta Menschen mit seinem Fabulieren verhexen kann. Sie erinnert sich an eine Situation auf einer Ferienreise mit den Kindern, damals zehn und zwölf Jahre alt. Vor der Abreise händigt Hitta ihr und den Kindern feierlich ihre Flugscheine aus, mit dem Auftrag, sie sorgfältig aufzubewahren. Jeder sei selbst verantwortlich für sein Ticket, er habe diese Aufgabe jetzt lange genug übernommen. Tatsächlich ist es immer Hitta, der die Ferienziele aussucht, die Reisen plant und die Zug- oder Flugtickets kauft, wenn Clavadetschers verreisen. – Nach zwei wunderbaren Ferienwochen auf Lanzarote bringt das Taxi alle vier wieder zum Flughafen. Irmas Gepäck und das der Kinder wird eingecheckt, nur Hitta wühlt noch immer in allen Taschen und in seinem Rucksack auf der Suche nach seinem Flugschein. Ergebnislos. «Geht nur», meint er zu Irma. – «Und du?» Er zuckt mit den Schultern. Irma geht mit den Kindern durch die Kontrolle, und sie besteigen eine Stunde später das Flugzeug. Sie ärgert sich wirklich: Da weist er uns grossartig an, wir sollten auf unsere Tickets aufpassen, und dann verliert er seins! Jetzt soll er sehen, wo er bleibt! Die Gepäckablagen werden geschlossen, die Sicherheitsgurte kontrolliert – da steigt Hitta als letzter Passagier, im allerletzten Moment, ins Flugzeug und setzt sich grinsend neben Irma. «Wie hast du das jetzt wieder hingekriegt?» Er zuckt wieder mit den Schultern und lacht. – Und, wie hat er's hingekriegt? Als Irma die Geschichte erzählt, zuckt auch sie mit den Schultern und lacht: «Keine Ahnung!»

Spontan, frei – und die Eifersucht?

Man erinnere sich daran, dass eine von Irmas Horrorvorstellungen war, mit einem perfekt organisierten Ehemann einen perfekt organisierten, monotonen Alltag zu leben. Diese Gefahr ist in einem Leben mit Hitta definitiv gebannt. Wenn er nicht in seiner Rolle als Bergführer ist und wenn es nicht um die Planung von Ferien geht, ist Hitta ein Chaot. Im Alltag organisiert er nicht, er plant nicht, er vergisst die Zeit und überlässt fast alles dem Zufall. Papierkram interessiert ihn nicht, genauso wenig wie Geld. Für die meisten Frauen wäre das wohl ein Albtraum, aber Irma lebt erstaunlich gut damit. Auch sie mag es gar nicht, endlos über Probleme und mögliche Lösungen zu diskutieren, auch sie lebt gern spontan und entscheidet aus dem Moment heraus. Sie liebt es, heute nicht zu wissen, was morgen oder übermorgen geschieht, sie lässt sich gern vom Leben überraschen. In der Hütte geht es natürlich nicht ohne Planung, und eine Hüttensaison muss sorgfältig vorbereitet werden. Hitta überlässt all diese Arbeiten weitgehend Irma, und sie erledigt sie, weil es notwendig ist. Aber viel mehr Spass als perfektes Organisieren macht ihr, flexibel auf Situationen zu reagieren und zu improvisieren. Und diese Chance bieten ihr Hitta und das Leben auf der Hütte immer wieder. Da sind Flexibilität und Improvisationsfähigkeit unerlässlich, aber ohne ein Mindestmass an Planung und Voraussicht geht es dennoch nicht.

Ungezügelte Spontaneität und grenzenlose Freiheit sind nicht wirklich bekömmlich, das erfahren die beiden auch in ihrer Beziehung. Obwohl sie sich lieben, wollen sie einander auch frei lassen. Keiner soll Besitz des anderen sein, keiner soll den anderen kontrollieren oder einschränken. Das ist für beide ganz wichtig. Freiheit in einer Liebesbeziehung zu gewähren und zu leben, ist in der Realität aber nicht einfach. Wenn sich ein Partner – oder beide – zu frei fühlt, kann es geschehen, dass bald nichts mehr zu verlieren ist. «Freedom's just another word for nothing left to lose.» Gut möglich, dass Hitta dieses Lied, das Janis Joplin nach ihrem Tod 1970 berühmt machte, kannte und auch mochte, denn er interessierte sich für die Musik der Beatniks und der Hippiebewegung.

In den 1960er- und vor allem in den 1970er-Jahren hört man fast überall Parolen wie «freie Liebe», «offene Ehe» und Ähnliches. Auch Hitta und Irma begegnen in ihrem privaten und beruflichen Leben den Auswirkungen dieser Ideen.

1963 machte Vico Torriani mit seinem Lied «Alles fahrt Schi, Schi fahrt die ganzi Nation» das Skifahren in der Schweiz so populär, dass bald tatsächlich alle Ski fuhren, die etwas auf sich hielten. Alle wollten natürlich gut und elegant Ski fahren, und wer selbst erst mühsam den Stemmbogen beherrschte, war sehr geneigt, jeden Könner auf Skiern zu bewundern. Wen überrascht es also, dass Skilehrer damals zu männlichen Idolen wurden und sich Frauen reihenweise in ihre Skilehrer verliebten? 1974 besang Ines Torelli mit «Gigi vo Arosa» auf humorvolle Weise einen gut aussehenden und braun gebrannten Skilehrer, der sich nicht bloss um die skitechnischen Bedürfnisse seiner weiblichen Kundschaft zu kümmern versteht. Die gesamte Deutschschweiz sang mit:

Das isch dä Gigi vo Arosa,
er bricht im März
pro Stund es Herz,
au miis isch broche.
Gigi vo Arosa
Ich chum s nächscht Jahr
im Februar
wiederume für drü Wuche,
und säge hüt scho mit verklärtem Blick
Uf widergüx, du Tarzan vom Schanfigg!

Und wenn Skilehrer von ihren Schülerinnen für ihr Können an steilen Hängen so bewundert werden, wie gross muss erst der Nimbus eines Bergführers sein, der seine Kunden ins gefährliche Hochgebirge führt, wo jederzeit der Tod lauert, und sie von dort wieder heil ins Tal bringt?!

Was sich in manchen Berg- und Skihütten in diesen Jahren abspielt, hat aber vielleicht weniger mit der Hippiebewegung und der Idee der freien Liebe zu tun, als damit, dass dort oben in den Bergen andere, archaischere Gesetze gelten und wohl schon immer galten. Eine harmlose Sitte ist die des «Gipfel-Du», die erlaubt, dass sich alle oberhalb einer bestimmen Höhe über Meer duzen – dies, nicht zu vergessen, zu einer Zeit, als man sich nur in der Familie und unter guten Freunden duzte. Etwas problematischer ist diejenige, mit der sich Irma immer wieder einmal in der Hütte konfrontiert sieht. Bestimmte Regeln, die gewiss auch im Unterland nicht immer eingehalten werden, bricht man hier oben offenbar unverblümter und mit weniger Hemmungen. Es gibt Männer wie auch Frauen, für die zum Bergerlebnis auch ein kleines Abenteuer mit dem anderen Geschlecht gehört, und Irma ist sowohl mit Beschwerden konfrontiert von Gästen, die sich durch die nächtliche Aktivität von Paaren im Matratzenlager gestört fühlen und sich so etwas verbitten, als auch mit Klagen von Frauen, die enttäuscht sind, in der Hütte keinen passenden Partner für einen kleinen Seitensprung gefunden zu haben. Diese Damen ärgern sich auf der Coaz-Hütte umso mehr, als sie den Eindruck haben, die attraktiven Männer – und das sind in ihren Augen in erster Linie die Bergführer – interessierten sich vor allem für Irma.

Dieser Eindruck ist vielleicht nicht ganz falsch, denn am Abend, wenn alles Geschirr abgewaschen und aufgeräumt ist, wird Irmas Küche tatsächlich zum Treffpunkt für ein fröhliches Zusammensein, das bis tief in die Nacht hinein dauern kann. Hier treffen sich Stammgäste und Bergführer noch auf ein Glas Wein, ein Schnäpschen – oder auch zwei –, und es wird geplaudert und viel gelacht. Nicht selten trifft es sich, dass Irma die einzige Frau in der Runde ist. Auch ist meistens Hitta nicht dabei, da er gerne früh schlafen geht. Neidische Beobachterinnen, die nicht zu diesem vertrauten Kreis gehören, stossen sich daran, dass sich da gleich eine ganze Gruppe von Männern um eine einzige Frau schart, während sie selbst, wie sie klagen, leer ausgehen. Es ist nicht zu übersehen, dass Irma ihre Bewunderer hat und fröhlich in die Runde flirtet, aber das Flirten bleibt auf die Küche beschränkt, wie Irma ja einmal einer Dame, die sich darüber beschwerte, unmissverständlich klarmachte. Und es geht längst nicht immer ums Flirten, oft ist es auch still in Irmas Küche, und man hört allenfalls ein leises Gespräch, wenn ein Bergführer oder ein Stammgast dankbar ist für ein offenes Ohr. Sie wissen, dass Irma verschwiegen ist und ihre familiären oder beruflichen Sorgen bei ihr sicher aufgehoben sind.

Natürlich kommt es vor, dass sich Männer in Irma verlieben und sie gerne erobern möchten. So wie Hitta als Skilehrer und Bergführer umschwärmt wird, umgibt auch die junge, schöne Hüttenwartin eine gewisse Aura. In den 1960er- und 1970er-Jahren gibt es noch kaum Hüttenwartinnen, und wenn, dann gehören sie eher zum bodenständigen Typ. Irma ist nicht nur sehr attraktiv, sie hat auch Temperament und versteht Spass. Ausserdem ist sie ausserordentlich tüchtig. Eine interessante Mischung.

Eines Tages taucht auf der Terrasse der Coaz-Hütte ein ranghoher Militärhelikopterpilot auf, der an einem freien Tag einen Kaffee und die Bergsonne geniessen möchte. Eine Woche später kommt er wieder, und weil es gerade so passt, nimmt er Irma mit auf einen Flug zum Piz Roseg. Von diesem Tag an sind Irma und er befreundet, oder vielleicht zutreffender: Er ist von Irma bezaubert. Als er einige Wochen später wiederkommt, lädt er sie zum Abendessen in ein elegantes St. Moritzer Hotel ein. Irma lacht ihn aus. Selbst wenn sie die Einladung annehmen wollte, wie sollte sie denn vom hintersten Rosegtal für einen Abend nach St. Moritz gelangen? – Das sei überhaupt kein Problem, er werde sie mit dem Heli abholen. Irma lacht noch einmal und geht zurück in die Küche.

Einige Tage später, am frühen Abend, landet ein Helikopter in der Nähe der Hütte: Ob er sie jetzt abholen dürfe? – Wohin er denke! Sie habe die Hütte voller Gäste. Früh am Morgen des nächsten Tages hört Irma Helikopterlärm, der immer lauter wird. Als sie aus der Hütte tritt, setzt gerade ein Heli auf. Die Türe öffnet sich, ein lachendes Gesicht, ein Arm, der ihr eine Papiertüte entgegenstreckt. Er habe ihr ein paar frische Brötchen zum Frühstück gebracht. Und sofort hebt der Heli wieder ab. Das wiederholt sich während einer Woche jeden Morgen. Am Freitag steigt er aus, um ihr die Brötchen zu überreichen. Sind morgen immer noch Gäste da? Oder passt es ihr morgen für das Abendessen in St. Moritz? – Die Gäste reisen alle ab. Aber nein, es passt trotzdem nicht. Morgen kommt Hitta von einer einwöchigen Tour nach Hause – glücklicherweise! Oder vielleicht doch leider?

Wenig später klingelt das Telefon. Es ist Plinio vom Hotel Roseg: «Sag einmal, was ist eigentlich los bei dir auf der Coaz? Warum fliegt jeden Morgen ein Heli zur Hütte? Und an mehreren Abenden dazu? Bist du krank?»

In einem solchen Umfeld dem Ideal nachzuleben, dem Partner Freiheit zu geben und sich selbst Freiheit zu gestatten und dennoch die Beziehung nicht aufs Spiel zu setzen, ist tatsächlich eine Gratwanderung. Irma erfährt selbst immer wieder, wie verführerisch Bewunderung sein kann. Deshalb reagiert sie spontan und unzimperlich, wenn die Bewunderung Hitta gilt und ihrer Meinung nach zu weit geht. Einer Frau, die zur Hütte kommt und verlangt, einen Schlafplatz bei Hitta zu erhalten, da er ihr das versprochen habe, erklärt sie klipp und klar, das komme überhaupt nicht infrage; nicht, wenn sie, Irma, auf der Hütte sei. Sie ärgert sich masslos über diese Unverschämtheit, erzählt Hitta jedoch nichts, weil sie davon ausgeht, dass die Frau einen Scherz von Hitta für bare Münze genommen hat. Einer anderen Frau, die Hitta immer wieder Liebesbriefe schreibt, schreibt sie eigenhändig zurück, Hitta habe nicht nur zwei Kinder, sondern auch eine Frau, und zwar eine, die sich sehen lassen könne, und als Beweis legt sie ein Foto von sich bei, mit dem Resultat, dass keine weiteren Briefe eintreffen.

Eigentlich ist Irma nicht besitzergreifend, es ist ihr zuwider, wenn sie Frauen von «meinem Mann» reden hört. «Mein Mann sagt dieses, mein Mann macht jenes», wie wenn der arme Kerl ihr Besitz wäre. Sie spricht nie von Hitta als «mein Mann». Das passt nicht zu den Gefühlen, die sie für ihn hat. Noch nie hat sie an Hittas Liebe gezweifelt, und sie sieht im Allgemeinen lächelnd und grosszügig darüber hinweg, wenn er ab und zu eindeutige Angebote von allen möglichen Frauen erhält und das eine oder andere wohl auch schon angenommen hat. Schliesslich ist er ein überaus gut aussehender, attraktiver Mann. Sie weiss, dass Skilehrer und Bergführer ständig von Frauen umschwärmt werden, und sie hat Verständnis dafür, dass er nicht jeder Versuchung widerstehen kann. Wer kann das schon? Und was auch je schon gewesen sein mag, es war unbedeutend; eine kurz aufflackernde Episode oder sogar nur ein Episödchen, und so lange sich das ausserhalb ihres unmittelbaren Umfelds abspielt, beunruhigt es sie nicht wirklich. Sie lebt ganz gut mit der Devise «Was ich nicht weiss, macht mich nicht heiss». Und drückt manchmal lieber beide Augen zu, als etwas zu sehen, das sie lieber nicht sieht.

Doch es gibt Ausnahmen. Es ist das Ende einer guten Frühlingssaison. Eben sind Irma und Hitta zufrieden von der Hütte nach Hause gekommen, mit einer gut gefüllten Kasse und mit riesigen Rucksäcken, vollgepackt mit Schmutzwäsche. Sie räumen erst einmal beide ihre persönlichen Rucksäcke aus, und es fällt Irma auf, dass Hitta den seinen nicht wie üblich zusammen mit dem ihren in den Keller räumt, sondern ihn im Flur offen stehen lässt. Auf ihren fragenden Blick hin antwortet Hitta: «Ich fliege am Freitag mit Horst nach Toronto. Von dort fahren wir mit einem Wohnmobil quer durch Kanada in den Yukon. Er braucht mich als Fahrer und Bergführer. Er hat schon alles organisiert.» Horst ist ein Stammgast aus Düsseldorf, mit dem Irma und Hitta seit Jahren befreundet sind. «Mit dem Wohnmobil durch Kanada? Das würde mir auch gefallen», meint Irma. «Wo denkst du hin», entgegnet Hitta, «Das ist doch viel zu gefährlich. Stell dir vor, im Yukon gibts reissende Flüsse und jede Menge Bären!»

Irma verdreht die Augen, schweigt aber und beginnt, die Schmutzwäsche aus den anderen Rucksäcken zu sortieren. Es ist nicht das erste Mal, dass Hitta kurz nach dem Ende einer Hüttensaison gleich wieder aufbricht zu einer Reise mit einem Kunden, auch nicht das erste Mal, dass er sie kurzfristig und fast beiläufig darüber informiert. Oft ist nicht ganz klar, ob es sich dabei um einen bezahlten Auftrag oder um eine Vergnügungsreise oder um irgendetwas dazwischen handelt. Dennoch lässt sie ihn meist ohne schlechte Gefühle ziehen und ist froh, nach den intensiven, anstrengenden Wochen auf der Hütte allein, oder zusammen mit den Kindern, die Ruhe ihrer Wohnung geniessen zu können. Diesmal aber ärgert sie sich, dass Hitta mit einer solchen Selbstverständlichkeit einfach wieder loszieht. «Du weisst schon, dass bereits in zwei Monaten die Sommersaison beginnt und wir neben allen üblichen Vorbereitungen auch noch eine neue Angestellte suchen müssen», sagt sie, und sie schafft es knapp, ihre Stimme frei von Gereiztheit zu halten. «Sicher», meint Hitta heiter, «aber du machst das bestimmt prima!» Schnell drückt er ihr einen Kuss auf und kümmert sich weiter um seine Reisevorbereitungen.

Drei Tage später macht sich Hitta in bester Laune auf den Weg zum Flughafen. Irma bleibt verärgert und missmutig zurück. Endlich hat sie nun die lang ersehnte und dringend benötigte Ruhe, und sie kann sich gar nicht darüber freuen. Diesmal lässt sie Hitta ungern gehen. Etwas nagt an ihr, nach und nach tauchen Wortfetzen, Gesten, Blicke auf, und jetzt, da sie Zeit und Ruhe zum Nachdenken hat, formt sich daraus langsam ein Bild, eine Erkenntnis. Natürlich, wie konnte sie nur so blind sein! Da hat sich etwas angebahnt zwischen Hitta und Andrina. Und jetzt erinnert sie sich auch plötzlich an die befremdliche Bemerkung einer Bekannten vor einiger Zeit, dass Andrina nicht zu unterschätzen sei; die wickle jeden um den Finger, die bekomme jeden, den sie wolle. Das war wohl als Warnung gedacht gewesen für sie, Irma, aber in den prall gefüllten Tagen, dem ständigen Betrieb und den vielen Menschen in der Hütte ist dieser Hinweis untergegangen. Erst jetzt beginnt sie zu verstehen, was ihr die Frau vermitteln wollte. Und Hitta, hat er Andrina nicht etwas zu oft gerühmt, wie lustig und wie tüchtig sie sei?

Irma atmet erst einmal tief durch. Die Gelassenheit, die ihr sonst in solchen Situationen hilft, ist dahin, jetzt spürt sie wirklich Eifersucht. Andrina ist keine Touristin, die auftaucht und nach ein paar Tagen oder Wochen wieder verschwindet, sie lebt hier im Dorf und hat den Ruf einer Verführerin, der die Männer nicht widerstehen können, und es scheint, dass nun auch Hitta in ihrem Netz gefangen ist, wer weiss, wie lange schon?

Was denkt sich Hitta eigentlich dabei? Langsam kocht die Wut in Irma hoch. «Warte, mein Lieber, dir werde ich es zeigen.» Aber Vorwürfe und laute Szenen sind nicht Irmas Sache, sie hat ihre eigene Art, mit schwierigen Ehesituationen umzugehen.

Als Hitta drei Wochen später nach Hause zurückkehrt, findet er eine vergnügte Frau vor, die ihn fröhlich begrüsst. Er erzählt von seiner Reise im hohen Norden und erkundigt sich, ob alles bereit sei für den Start der Sommersaison in der Hütte. «Hast du eine gute Hilfskraft gefunden?», fragt er eher beiläufig. «Ja, stell dir vor, ich habe eine tolle Frau aus dem Dorf eingestellt, Andrina. Sie hat sofort zugesagt, ich glaube, sie hat sich gefreut.» Irma strahlt ihren Mann an und bemerkt mit Genugtuung, dass Hitta unter seiner Bräune etwas blass wird, bevor er sagt: «Andrina? Warum denn Andrina?» – «Du hast doch immer gesagt, sie könne gut zupacken. Das können wir gebrauchen.»

Und so startet einige Zeit später die Sommersaison mit den Hüttenwarten Christian und Irma Clavadetscher und der Hilfskraft Andrina. Andrina kann tatsächlich zupacken, es gibt nichts an ihrer Arbeit auszusetzen. Wie sich bald einmal zeigt, kann sie auch kommandieren. Hitta wird in den Keller geschickt, um Wein zu holen, in die Küche befohlen zum Anfeuern, er soll dies dahin und jenes dorthin tragen. Irma staunt. Nie hätte sie es gewagt, Hitta derart herumzukommandieren. Ab und zu empfindet sie beinahe Mitleid mit ihm.

Aber nur beinahe. Wenn Irma ins Tal geht, um Wäsche zu erledigen oder die Kinder zu besuchen, bleiben Hitta und Andrina auf der Hütte. Wenn hingegen Hitta ins Tal muss, gibt Irma auch Andrina einen Tag frei. Die beiden sollen ruhig Zeit verbringen miteinander, das beunruhigt sie nun nicht mehr so sehr. Aber sie ist trotzdem froh, wenn sie nichts davon mitbekommt.

Als Irma eines Nachmittags, nach einem Tag in Samedan, wieder auf dem Rückweg von der Fuorcla Surlej her gegen die Hütte aufsteigt, trifft sie auf zwei Wanderer, mit denen sie ins Gespräch kommt, und die beiden sagen: «Wir hoffen nicht, dass Sie im Sinn haben, in der Coaz-Hütte einzukehren, die Hüttenwartin dort ist eine unglaublich giftige Person.» Irma korrigiert die beiden sofort und erklärt ihnen, dass es sich um eine Angestellte handle, sie selbst sei die Hüttenwartin der Coaz-Hütte, und es tue ihr leid, dass sie dort keinen freundlichen Empfang gefunden hätten. Beim Weitersteigen fragt sie sich, wie wohl die Stimmung auf der Hütte sei, und sie kann sich ein Schmunzeln nicht verkneifen.

Einige Tage später, als Irma in der Küche arbeitet und Andrina die Gäste auf der Terrasse bedient, spazieren zwei Frauen auf die Hütte zu. «Schau mal», meint Irma, «da kommt doch tatsächlich eine Freundin von Hitta, dort, die Blondine.» – «Was? Die bediene ich nicht, auf keinen Fall!», platzt Andrina heraus. «Aber warum denn nicht?», fragt Irma unschuldig. «Wenn schon, müsste *ich* mich doch weigern, sie zu bedienen.»

Am folgenden Abend, nachdem Hitta und Andrina zum dritten Mal gemeinsam zu Tal gestiegen sind, kommt Hitta allein zur Hütte zurück. «Wo bleibt denn Andrina?», fragt Irma. Hitta murmelt etwas von «Weiss nicht» und «Keine Ahnung». Da sagt Irma: «So, Hitta. Setz dich. Jetzt wird geredet. Ich weiss genau, warum Andrina nicht mehr kommt, aber vielleicht sagst du es mir ja.» – «Woher sollte ich das wissen?» – «Dann sag ich es dir. Vermutlich ist ihr die Lust vergangen, hier oben zu arbeiten, nachdem *dir* die Lust vergangen ist, mit ihr ins Bett zu steigen.» Hitta staunt. «Woher weiss du denn das?» – «Glaubst du wirklich, ich sei nicht nur naiv, sondern auch noch blind?» Und damit ist die Geschichte von Andrina und Hitta erledigt; kurz und relativ schmerzlos.

Jedenfalls begrüssen sich Irma und Andrina, die bis zum heutigen Tag in Samedan lebt, jedes Mal herzlich, wenn sie sich im Dorf begegnen, und sie umarmen sich sogar. «Ich kann ihr einfach nicht böse sein», meint die bald achtzigjährige Irma. «Ich wusste ja, dass

Hitta mich liebte und alles andere keine wirkliche Bedeutung hatte.» Und nach kurzem Nachdenken fügt sie hinzu: «Das Leben verläuft halt nicht immer in geraden Bahnen.»

Fazit

Gespräche wie dasjenige, das die Andrina-Geschichte beendete, so kurz es auch war, gab es äusserst selten zwischen Irma und Hitta. Es lag beiden nicht, Diskussionen über Konfliktthemen zu führen. Ohne viel zu reden, spürten sie offenbar beide, was sie dem anderen zumuten konnten und wo seine Grenzen lagen, wenn es um Liebesdinge ausserhalb ihrer Ehe ging. Und beiden bedeutete ihre Liebe zu viel, als dass sie sie ernsthaft in Gefahr gebracht hätten.

Bei anderen Uneinigkeiten hielten sie es ähnlich. Beide sagten klipp und klar, ohne Umschweife, wenn sie anderer Ansicht waren oder ihnen am Verhalten des anderen etwas nicht passte, und wenn es gesagt war, war die Sache erledigt. Dabei konnte es auch sehr laut werden, sogar ein Aschenbecher soll einmal quer durch die Hütte geflogen sein. Aber damit hatte es sich. Ohne lange zu diskutieren, waren sie sich stets einig, dass es weder lohnenswert noch wünschbar war, einen Konflikt auszudehnen. «Dann einigen wir uns eben darauf, dass wir in diesem Punkt uneinig sind.» Das war ihre Devise, und sie gingen mit Respekt für die Haltung des Partners gemeinsam weiter.

Neben der Freiheit in der Beziehung erfüllte sich für Irma in der Ehe noch ein weiterer Traum, für den sie vor langer Zeit beinahe die Beziehung zu Hitta gefährdet hatte, im Glauben, beides sei nicht zu vereinbaren. Sie fühlte sich zu jung für eine Bindung, weil sie unbedingt noch die Welt sehen wollte. Nach einigen Ehejahren, als Hittas Ausbildungen zum Bergführer und Skischulleiter abgeschlossen waren und ihre gemeinsame, erfolgreiche Arbeit auf der Hütte auch die finanzielle Situation einigermassen entspannte, zeigte es sich, dass Hitta ganz ähnliche Träume hatte. Er war nicht nur ein leidenschaftlicher Gedankenreisender, er reiste auch real so viel als möglich, und ab und zu gingen er und Irma miteinander auf grosse Reisen. Seychellen, Mauritius, Jamaika, Senegal, Kenia – so weit hatten nicht einmal die Träume der 21-jährigen Irma gereicht.

Hitta und Irma sind ein eingespieltes Team. Beide lieben ihre Freiheit. Auch wenn es viel zu tun gibt auf der Hütte und die Arbeit streng ist, möchten sie kein anderes Leben. Sie geniessen das gemeinsame Reisen. Hier im Frühling 1984 in Venedig.

Familienleben zwischen Berg und Tal

«Ich kann dich nicht auch noch tragen, Poppa. Sieh mal meinen grossen Rucksack. Du musst jetzt ein grosses Mädchen sein und weiterlaufen.»

Das Sommerleben oder die Hüttenkinder

Die Clavadetschers haben ein Privileg, das den meisten anderen Menschen verwehrt bleibt: Sie leben mehr als nur ein Leben, sie sind Zugvögel, sie wechseln in einem regelmässigen Rhythmus von einer Lebenswelt in eine andere. Alle vier, Eltern wie Kinder, lieben den Sommer in den Bergen, ihr Hüttenleben, über alles. Aber im Herbst packen sie ihre grossen Rucksäcke und wandern ins Tal, nach Samedan, in ihr Winterleben. Und dazwischen gibt es die dritte Lebenswelt, die der Zwischensaison im Herbst und im Spätfrühling, in der sich die Familie in wechselnden Gruppierungen an unterschiedlichen Orten aufhält. Jede dieser Lebenswelten hat ihren ganz eigenen, spezifischen Reiz. Und das Beste daran ist das Hin und Her, der Wechsel von einer Welt in die andere, die Spannung auf das jeweils Andere, den Kontrast, und die gleichzeitige Freude auf die Wiederbegegnung mit Altvertrautem.

Irmas und Hittas Kinder, längst erwachsen, geraten beide ins Schwärmen, wenn sie von ihrer Kindheit und von der Zeit in der Coaz-Hütte sprechen. Sie schildern die Hüttenumgebung als Paradies, als grossen, einzigartigen Spielplatz, von der Natur gleichsam angelegt im Hinblick auf Kinder. Sie erzählen vom Schmelzwasser, das im Sommer auf einem ebenen Plätzchen nahe der Hütte über die Wiese mäandert und einen kleinen See bildet, wo Kinder gefahrlos spielen können; wo man Dämme, Brücken, Burgen und Pfahlbauten errichten kann; wo Moos wächst, wunderbar weich zum Anfassen und noch weicher, wenn man mit nackten Füssen darübergeht. Sie erzählen davon, dass im Frühjahr das Wasser in der Hütte knapp ist, und davon, wie der Vater sie lehrt, sorgsam und respektvoll damit umzugehen; von ihrer gespannten Erwartung, wenn die Mutter in der Küche heisses Wasser vom Holzherd nimmt und damit jedem eine Wärmeflasche füllt, und von dem wohligen Glück, damit unter die Decke zu kriechen, wenn es im Zimmer eiskalt ist. Sie erzählen von der Lust, über die grossen, vom Gletscher glatt polierten Steine wie über eine Rutschbahn zu rutschen oder von einem Stein zum anderen zu hüpfen und zu balancieren, vom Spiel mit Hunden und Katzen, von der Freundschaft mit dem Maultier und dem Haflingerpferd, von der Freude über kleine Abwechslungen im Hüttenalltag, wie die Landung eines Helikopters, von der Neugier auf die verschiedenen Menschen, die zur Hütte kommen. Sie erzählen von den stillen Tagen, wenn es ohne Unterlass schneit oder unheimlicher Nebel die Hütte einpackt und man ruhig in einer Ecke sitzt und zum vierten Mal dasselbe Heft liest, und sie erzählen von den fröhlichen Tagen voller Leben, wenn jeder Schlafplatz belegt ist, wenn in der Küche gesungen wird beim Abwaschen und Trocknen, wenn gelacht und getanzt wird am Abend. Sie erzählen vom Gefühl, ein Teil dieses Familienunternehmens «Hütte» zu sein, wenn sie in der Küche oder beim Putzen helfen, wenn sie den Getränkevorrat auffüllen oder im Schnee das Fleisch für den Eintopf zum Abendessen finden und ausgraben, und sie erzählen vom Stolz und der Aufregung, als der Vater sie zum ersten Mal mitnimmt auf eine mehrtägige Hochgebirgstour.

Und immer wieder erzählen sie von der Natur; vom Himmel, der manchmal blau leuchtet, manchmal tintenschwarz wird kurz vor einem Gewitter, von den Wolken, die heiter und friedlich wie Schäfchen vorbeiziehen oder sich bedrohlich zu dunklen Türmen aufstapeln, vom Sonnenauf- oder -untergang, der sich manchmal fast unbemerkt im milchigen Himmel vollzieht, manchmal aber mit seiner Farbenpracht und seinem Feuer alle aus der Hütte lockt. Und von der grossen Stille und Dunkelheit der Nacht.

Solange die Kinder klein sind und noch nicht zur Schule gehen, verbringen sie den ganzen Frühling und Sommer mit den Eltern in der Hütte. Ab und zu ist auch die Grossmutter da, die Nane, die gerne mithilft, weil sie das Leben auf der Hütte genauso liebt wie die Kinder. Für die Gäste sind die Kinder etwas Besonderes, geradezu eine Attraktion, da sonst noch kaum Kinder auf die Hütte mitgenommen werden. Poppa nimmt schon als Kleinkind neugierig Kontakt auf mit den Hüttengästen, und wenn es kalt ist und die Familie im Bergführerzimmer logiert, klettert sie frühmorgens in ihrem Windelpaket zutraulich über die schlafenden Bergführer hinweg, wenn sie aus ihrer Schlafecke kriecht, um zu Mama in die Küche zu gelangen. Und einige Jahre später, wenn weder Mama noch Papa Zeit haben für sie und auch die Nane zu Hause im Unterland ist, holt sie ein Eile-mit-Weile-Spiel oder Jasskarten hervor und findet unter den Gästen meistens ein williges Opfer, das mit ihr spielt.

Wenn Hitta nicht mit Kunden unterwegs ist, nimmt er manchmal eines oder beide Kinder mit auf eine Wanderung. Was sie auf diesen Spaziergängen sehen, hören, riechen, was Hitta ihnen erzählt und erklärt, hinterlässt bei beiden Spuren und prägt sie für ihr ganzes Leben. Poppa lernt von ihm die Liebe zu den Tieren, und wenn sie viele Jahre später mit ihren Huskys oder ihren Schäferhunden unterwegs ist oder eines ihrer Pferde reitet, glaubt sie, manchmal noch die Gegenwart des Vaters zu spüren, wie er mit Bea, seiner Schäferhündin, vor ihr hergeht oder auf seinem blonden Fuchs neben ihr reitet. Für Andrea sind es vor allem die Faszination für die Berge, der Blick für ihre Schönheit und Erhabenheit und das Erahnen einer Dimension, die uns übersteigt, welche er mit der Erinnerung an seinen Vater verbindet. Einen unvergesslichen Moment erlebt er auf einer Bergtour mit Hitta, als er ungefähr zehn Jahre alt ist. Plötzlich bleibt Hitta inmitten der riesigen Eistürme auf dem Gletscher stehen und blickt um sich. Auch Andrea bleibt stehen. «Du, Papa, was ist eigentlich Gott?», fragt er. Hitta überlegt kurz, schaut Andrea an. Dann zeigt er mit dem

Arm um sich und sagt nur ein Wort: «Schau!» Und der Zehnjährige ist zufrieden. Für ihn ist jetzt alles klar.

Was die beiden ebenfalls von ihrem Vater lernen, ist Vertrauen und Selbstvertrauen. Den Weg im Sommer, zu Fuss von der Mittelstation der Corvatschbahn über die Fuorcla Surlej, kennen sie bald einmal gut. Sie gehen ihn oft mit Irma. Hitta jedoch führt sie auf dem kürzesten Weg in die Hütte: Vom Corvatschgipfel steigen sie über den Gletscher schräg hinunter über ein schmales Felsband. Wohl hat es dort ein Halteseil, aber ihnen ist trotzdem etwas bang. Hitta geht voran, und wenn er sagt: «Das könnt ihr», dann können sie es auch.

Beide lernen schon früh, dass gewisse Dinge eben sind, wie sie sind, und man wenig dagegen tun kann: Wenn wenig Wasser da ist, muss man damit auskommen; wenn man eingeschneit ist, muss man warten; wenn man Langeweile hat, muss man sie aushalten oder etwas erfinden dagegen, und wenn der Weg mühselig ist, muss man ihn trotzdem zu Ende gehen – es sei denn, man ist erst vier Jahre alt, wie Poppa an einem Herbsttag vor langer Zeit. Ganz überraschend ist über Nacht extrem viel Schnee gefallen. Ausser Irma und Poppa sind nur noch einige Handwerker in der Hütte, um das Dach winterfest zu machen, und sie haben soeben den letzten Nagel eingeschlagen. Spontan entscheidet sich Irma, mit ihnen ins Tal zu gehen, denn bei dieser Wetterlage werden in den nächsten Tagen keine Gäste mehr eintreffen. Schnell packt sie ihren Rucksack, der schwer ist, wie immer, steckt Poppa in ihre Pelzstiefelchen und den Anorak, und los geht es. Die Handwerker, alle ebenfalls schwer beladen, gehen voran, Irma geht als Letzte, und vor ihr geht Poppa. Mühsam bahnen sich die Männer einen Weg durch den tiefen Schnee, und Poppa stapft begeistert hinterher in ihrer Spur; nur die Spitze ihrer roten Kapuze ragt ein wenig über den Rand des tiefen Grabens hinaus, in dem sie marschiert. Der Weg ist weit, und nach einer Stunde bemerkt Irma, dass die kleinen Beinchen nicht mehr so energisch auftreten wie anfänglich, und einige Zeit später stolpert Poppa hie und da und fällt schliesslich hin. «Mama, trag mich», verlangt sie. «Das geht nicht, Poppa, sieh mal meinen grossen Rucksack, ich kann dich nicht auch noch tragen. Du musst jetzt ein grosses Mädchen sein und weiterlaufen.» Poppa schaut zu Irma auf. Sie tut Irma leid, ihr Gesichtchen ist fast so rot wie die Kapuze, aber was kann sie tun? Sie lächelt Poppa aufmunternd zu, und die dreht sich um und geht weiter. Nach einer weiteren Viertelstunde fällt sie wieder hin und bleibt liegen.

Sie weint. Die Handwerker bleiben stehen. Es ist allen klar, dass das kleine Mädchen tapfer bis an die Grenzen seiner Kräfte gegangen ist und nicht mehr weiterkann. Ohne viele Worte verteilen sie ihre Lasten neu, sodass einer von ihnen frei ist, um Poppa zu tragen. Als die Gruppe beim Hotel Roseg ankommt, schläft Poppa, ein schlaffes, rotes Bündel über der Schulter des Handwerkers, tief und fest.

Samedan

Im Winter führen die Clavadetschers das Leben einer ganz normalen Familie. Sie wohnen in einer der neu gebauten Sozialwohnungen in der Nähe des Golfplatzes am Inn, im A l'En. Die Kinder besuchen den Kindergarten, später die Schule, die Eltern gehen ihrer Arbeit nach. Jeden Herbst geniessen sie von Neuem den Komfort des Alltagslebens im Dorf im Kontrast zum Hüttenleben. Die Wohnung ist immer angenehm geheizt, man kann jederzeit die Badewanne mit heissem Wasser füllen und sich hineinlegen, einkaufen gehen, sich Lesestoff in der Bibliothek oder am Kiosk besorgen, wann immer man will. Sogar die Toilette mit Wasserspülung und Heizung ist eine Attraktion. Irma zieht sich zuerst eine Zeit lang völlig zurück. Nach den intensiven Monaten auf der Hütte mag sie niemanden sehen, sie muss zuerst wieder zu sich selbst finden und ist froh, dass Hitta den Einkauf und meist auch das Kochen übernimmt. Wenn sie dann wieder unter Menschen gehen mag, geniesst sie es, endlich wieder einmal ein Kleid zu tragen und sich hübsch zurechtzumachen. Für die Kinder hingegen ist das Schönste, dass in all den anderen Wohnungen auch Familien mit Kindern wohnen und sie Spielkameraden haben. Und alle schätzen den grossen Luxus, dass hier alle ihr eigenes Zimmer haben; die Kinder wie auch die Eltern haben ihren Rückzugsraum.

Hittas Arbeit als Leiter der Skischule Samedan bedeutet regelmässige Arbeitszeiten und ein regelmässiges Einkommen. Irma hat im Winter mehr Zeit für die Kinder, obwohl auch sie arbeitet, einmal als Aushilfe in der eleganten Louis-Vuitton-Boutique in St. Moritz, einmal in einer Sauna, einmal in einer Skihütte, meistens aber als Skilehrerin. Diese Arbeit macht ihr Spass, aber die Umstände sind aufreibend: Am Vormittag, gleich nachdem die Kinder zur Schule gegangen sind, macht sie sich zu Fuss auf den Weg ins Dorf und hinauf zum Skihang, mittags marschiert sie hinunter, kocht ein Mittagessen für die Kinder und hastet anschliessend wieder zum Skihang, um dann am Nachmittag nach der Skischule wieder hinunter nach Hause zu eilen.

Wie jede berufstätige Mutter kämpft Irma ab und zu mit Schuldgefühlen den Kindern gegenüber, vor allem, wenn sie nicht zur Arbeit, sondern zu ihrem Vergnügen weggeht. Sie ist jung und arbeitet hart, und niemand würde es ihr verübeln, dass sie ab und zu am Abend mit Hitta ausgehen möchte. Andrea ist in der ersten Klasse, als ihm die Eltern zum ersten Mal zumuten, abends mit Poppa allein zu sein. Die Wohnungsnachbarn sind informiert, und Irma hat für Andrea die Telefonnummer aufgeschrieben, wo die Eltern erreichbar sind. Trotzdem beginnt Andrea zu weinen und zu schreien, als sich die Eltern verabschieden. Poppa schläft bereits tief, aber Andrea klammert sich an Irma und will sie nicht gehen lassen. «Da darfst du jetzt nicht nachgeben, da müssen wir durch», mahnt Hitta. Irma ist einverstanden, auch wenn es ihr fast das Herz zerreisst. Schon bald drängt es sie, nach Hause zurückzukehren, und sie ist erleichtert, die Kinder fest und friedlich schlafend vorzufinden. Den nächsten Ausgang der Eltern nimmt Andrea schon viel gelassener, aber das Gefühl, sie sei keine gute Mutter, lässt Irma dennoch nie ganz los.

Sie erinnert sich nicht gerne an die ersten Jahre in Samedan. Wie in jedem Dorf gibt es auch hier Klatsch und Tratsch. Nachbarn beobachten Nachbarn und tauschen sich mit anderen Nachbarn über das Beobachtete aus. Und die Clavadetschers sind interessante Beobachtungsobjekte: Sie kommen und gehen. Im Sommer verschwinden sie in eine Berghütte, in die Coaz. In den 1960er- und frühen 1970er-Jahren verirrt sich ausser den Bergführern kaum ein Einheimischer in die Hütte, und Bergführer sind bekanntlich eher schweigsame Leute und berichten kaum, was dort oben vor sich geht. Wenn also Hitta und Irma im Herbst von der Hütte kommen, mit Sack und Pack, mit Kindern und Hund, sind sämtliche Bewohnerinnen und Bewohner der Überbauung im A l'En an den Fenstern. «Kommen die jetzt von der Hütte? Was die wohl den ganzen Sommer über dort oben gemacht haben? Und was arbeitet der Mann? Arbeitet der überhaupt? Ein Hund? Das geht doch nicht! Hunde sind in der Anlage nicht erlaubt!»

Diese Familie lässt sich in keines der in Samedan bekannten Schublädchen einordnen. Das irritiert die Nachbarn. Einmal, als sich Irma nach ihrer Rückzugsphase im Dorf zeigt, wird sie von einer Nachbarin angesprochen: «Es ist mir peinlich, aber wissen Sie, was über Sie geredet wird? Ich finde, das müssten Sie wissen. Frau Meister erzählt überall herum, dass Ihr Mann, wenn Sie nicht da sind, immer wieder Frauen zu Besuch hat.» Dazu muss man wissen, dass Irma und Hitta ihre Wohnung diesen Sommer einem Bekannten von Hitta zur Verfügung gestellt haben. Blöde Klatschbase!, denkt Irma, zuckt mit den Schultern und entgegnet: «Ach ja? Nun, das ist mir definitiv lieber, als wenn er Männerbesuch hätte!», und sie lässt die Frau mit offenem Mund stehen.

Dass Irma im Dorf keinen Kontakt sucht, dass die ganze Familie immer wieder für Wochen und Monate aus dem Dorf verschwindet und kaum jemand Genaues über sie weiss, gibt immer wieder Anlass zu wilden Spekulationen, zumal sich weder Hitta noch Irma um das Geschwätz kümmern, höchstens allenfalls zum Spass ab und zu ein wenig Öl ins Feuer giessen: Hitta mit seinen Geschichtchen und Irma, indem sie diese Geschichtchen unwidersprochen lässt. Sie hat nicht das Bedürfnis, sich zu rechtfertigen. Sie weiss ja, wer sie ist und was sie leistet; das genügt ihr. Und wenn die Leute glauben, sie spiele in der Hütte die «Madame» und ruhe sich dort aus, dann sollen sie das eben glauben. Und wenn sie die Familie als «Zigeuner» bezeichnen, warum soll sie sich ärgern? Sie fühlt sich ja wirklich ein wenig wie eine Zigeunerin, das hat für sie nichts Abwertendes. Auch Andrea ist stolz darauf, anders zu sein, er gehört gerne einer Zigeunerfamilie an. Nur Poppa wäre lieber ganz gewöhnlich, wie alle anderen im Dorf.

Eines Tages im Herbst, als Andrea soeben die zweite Klasse der Primarschule begonnen hat, kehren die Clavadetschers mit einem neuen Hund, einem rabenschwarzen Schäferhund, von der Hütte in ihre Wohnung im A l'En zurück. Jetzt reicht es den Nachbarn; sie sammeln Unterschriften gegen die Anwesenheit des Hundes, und die Verwaltung stellt die Familie vor die Wahl: Entweder sie geben den Hund weg, oder sie ziehen hier aus. Ohne einen Augenblick zu zögern, erklärt Irma dem Verwalter: «Dann ziehen wir aus!» Nun ist für die Nachbarn endgültig klar, dass mit diesen Leuten etwas nicht stimmen kann. Wer zieht denn wegen eines Hundes aus einer derart günstigen und schön gelegenen Wohnung aus?

Der spontane Entscheid beschert Irma und Hitta ein paar schlaflose Nächte, denn Wohnungen in Samedan sind rar, aber sie zweifeln keinen Moment an der Richtigkeit ihres Entscheids. Weiter oben im Dorf, im Chiss, sind soeben schöne Eigentumswohnungen fertiggestellt worden. Aber woher das Geld nehmen? Irma geht über die Bücher, aber auch alle Reserven reichen nicht aus, um eine Wohnung zu kaufen. Und da kommt Vater Müller ins Spiel. Ohne Bedingungen zu stellen, bietet er der Familie seine Hilfe an, und diesmal nimmt Irma sein Angebot gern und dankbar an.

Die Kinder sind etwas traurig, ihre Spielkameraden zu verlieren, aber die neue Wohnung ist grosszügig, schön gelegen, und vor allem: Es gibt keine Vorschriften, ob und wie viele Tiere man hier halten darf. Dank der schwarzen Schäferhündin Bea, die gewissermassen schuld war am Umzug der Familie, kann sich die kleine Poppa schon als Kindergartenkind gefahrlos im Dorf bewegen, denn tatsächlich ist Poppa nie wirklich allein. Wo sie geht und steht, wird sie von Bea begleitet und bewacht. Und da Poppa meist einen roten Anorak mit Kapuze über ihren dunklen Locken trägt, hört man bald überall im Dorf: «Seht, da geht Rotkäppchen mit dem Wolf!» Und die Lausbuben, die unermüdlichen Plagegeister kleiner Mädchen, halten stets respektvoll Abstand. Es ist allen klar: Bea würde ihre kleine Meisterin bis zum Äussersten verteidigen.

Das dritte Leben

Das dritte Leben der Clavadetschers findet in den Wochen der Zwischensaison statt und gestaltet sich für jedes Familienmitglied anders. Hitta packt jeweils kurz nach der Rückkehr von der Hütte die Reiselust, sei es, dass er von einem Kunden engagiert wird, ihn irgendwo auf der Welt auf einen Berg oder in die Wildnis zu führen – auf diese Weise gelangt Hitta nach British Columbia, Alaska, Schweden und Norwegen –, sei es, dass er auf eigene Faust verreist. Einmal fährt er mit Ross und Wagen durch Österreich, einmal fliegt er nach Griechenland. Aus Kreta schickt er eine von vielen Postkarten an seine Lieben: «Gruss No2: Habe drei Tage bei einem Bäcker gelebt. Am Morgen Brot gebacken. Dann das Brot ausgetragen. Viel Raki getrunken. Heute fahre ich nach Osten, Gruss Hitta.»

Grossen Spass machen ihm die regelmässigen Kunstexpeditionen mit seinem Engadiner Freund Peter Buzzetti, einem selbsternannten Künstler und Maler – einem Flachmaler, notabene –, der mit seinem kunstvoll gedrechselten Schnurrbart, den Cowboystiefeln und der pfundschweren, silbernen Gürtelschnalle auch in Paris oder Berlin nicht übersehen wird. Die beiden Männer besuchen Galerien, Museen und Kunstmärkte, und Hitta bringt jeweils neben Bildern,

Kunstbüchern und Kunstgegenständen auch tausend spannende Geschichten mit nach Hause. Die Kinder lieben diese Geschichten, die ihnen neue Welten eröffnen, und sie nehmen dafür die zeitweilige Abwesenheit des Vaters gerne in Kauf.

Ab und zu verreisen Hitta und Irma auch gemeinsam. Hitta sucht die Reiseziele aus, bereitet alles vor und macht die Buchungen. Wenn es ums Reisen geht, organisiert und plant er mit Hingabe. Mit Hitta zu reisen, ist ein ganz besonderes Erlebnis. Er ist völlig unvoreingenommen und offen und empfindet weder Angst noch Abwehr gegenüber fremden Menschen oder Kulturen. Das ermöglicht immer wieder hautnahe und überraschende Begegnungen mit Land und Leuten. Irmas Jugendtraum, frei und ungebunden in die Welt hinauszuziehen, erfüllt sich mit diesen Reisen in etwas anderer Form, aber nicht weniger abenteuerlich. Die beiden fahren mit dem Auto durch ganz Frankreich und erkunden die Camargue. Sie reisen nach Kenia und in den Senegal, sie besuchen die Kanarischen Inseln, die Seychellen, Mauritius und Jamaika. Nach einer strengen Hüttensaison, in der sie ohne Erholungspause durcharbeiteten, verdienen sie diese Ferien, im wörtlichen wie im übertragenen Sinn. Irma liebt diese Reisen mit Hitta, und doch ist für sie ein kleiner Wermutstropfen dabei, weil sie meistens ohne die Kinder verreisen und sie sie schon wieder alleine lassen muss. Das fällt ihr jedes Mal schwer, auch wenn sie weiss, dass die Kinder bei der Grossmutter gut aufgehoben sind.

Tatsächlich empfinden die Kinder die Abwesenheit der Eltern keinesfalls als Tragödie, weil dann ihre heiss geliebte Nane zu ihnen kommt, ganz egal, ob Irma und Hitta gerade kommen oder gehen, ob sie Koffer ein- oder auspacken, die Nane ist der ruhende Pol, sie hat immer Zeit für ihre Anliegen. Nane da – alles gut! Und falls gerade Schulferien sind – noch besser: Da dürfen sie die Nane in Maienfeld besuchen, wo sie inzwischen lebt; in einem kleinen Holzhaus in einem grossen, weitläufigen Garten inmitten von Rebbergen. In den Augen der Kinder ist es das Paradies. Die Nane ist Selbstversorgerin, da gibt es immer etwas zu tun, auch für die Kinder. Sie hat offene Augen und offene Sinne, und mit ihr im Garten zu arbeiten, zu pflanzen, zu ernten, macht den Kindern Spass, und sie lernen hier die üppigere Natur des Unterlands kennen. Sie lässt den beiden viel Freiheit, auch die nähere Umgebung zu erkunden, und die Zeit wird ihnen nie lang. Auch Irma verbringt mit den Kindern dort gerne eine Erholungszeit.

Etwas anders sieht es aus, wenn die Kinder ihre Schmeriker Grosseltern Müller besuchen. Irma weiss, dass es nach zwei oder drei

Tagen Zeit ist, sie dort wieder abzuholen. Schmerikon ist eine andere, für die Kinder fremde Welt. Die Strenge im Haus macht ihnen zu schaffen. Die Bemühungen der Grossmutter, sie beten zu lehren und sie in den Gottesdienst zu führen, befremden sie. Im Zimmer, in dem die Kinder schlafen, hängt ein Kruzifix an der Wand. Nachts, wenn ein Auto vorbeifährt und die Scheinwerfer das Kruzifix streifen, leuchtet es auf, unheimlich und gruselig, findet Andrea. Die Grosseltern wissen nicht, dass die Kinder mit ihren Eltern in den Bergen durchaus Momente erleben, in denen sie eine spirituelle Dimension erfahren, aber das würde ihnen wohl auch nicht genügen. Sie möchten ihre Enkelkinder sicher im Schoss der katholischen Kirche aufgehoben wissen und spüren nicht, wie sehr sie sie damit verunsichern und beunruhigen.

Schön hingegen ist es für die Kinder, wenn die Grosseltern mit ihnen nach Rapperswil in den Kinderzoo fahren. Und einige Jahre später – bei den Grosseltern beginnt sich eine gewisse Altersmilde bemerkbar zu machen – erlauben diese ihnen auch, allein mit dem Boot zu einem kleinen Inselchen in Ufernähe zu rudern, wo sie Feuer machen, Indianer spielen und nackt im See baden. Da erleben sie jeweils für ein paar Stunden das, was ihre Mutter in ihrer Kindheit so liebte: die Weite und die Freiheit des Sees.

«Die Kinder müssen zur Schule»

Sobald Andrea und Christine zur Schule gehen, verändert sich der Jahresrhythmus der Familie, da die Kinder nicht mehr die gesamte Hüttenzeit mit den Eltern verbringen können, sondern nur die acht Wochen Sommerferien. Im September und im Frühling sind sie ohne die Eltern in Samedan, dann kümmert sich die Nane um sie.

Nach wie vor sind beide Kinder sehr gerne auf der Hütte. Vor allem Poppa. Noch mehr als früher liebt sie den Kontakt mit Menschen, die aus aller Welt zur Hütte kommen, und als Teenager flirtet sie fleissig mit den Bergführern – sofern diese jung und hübsch sind! Wenn schlechtes Wetter die Gäste in die Hütte einsperrt, hat sie immer eine Idee, wie sie die Gäste unterhalten und ihnen die Zeit vertreiben kann: Sie räumt alle Tische und Stühle aus dem Weg und veranstaltet für alle ein Fitnesstraining, oder sie organisiert ein Jassturnier. Im Frühjahr baut sie mit Milans Hilfe neben der Hütte eine

Schneebar auf und empfängt die zurückkehrenden Tourengänger mit Drinks, Musik und Barbetrieb.

Sie ist auch während der Schulzeit so oft wie möglich auf der Hütte und fährt manchmal direkt von der Hütte auf den Skiern durchs Rosegtal zum Bahnhof Pontresina und von da mit dem Zug nach Samedan, zur Schule; anfänglich begleitet von Hitta, dann auch allein oder mit Andrea, wenn die Schneeverhältnisse gut sind. Manchmal jedoch kommt es vor, dass Poppa und Andrea nicht rechtzeitig oder gar nicht zum Unterricht kommen, und das gibt Ärger mit den Lehrern und der Schulbehörde. Fernbleiben von der Schule wird nicht akzeptiert; einmal wird sogar der Dorfpolizist geschickt, um nach dem Rechten zu sehen. Als dieser schnaufend in der Hütte anlangt, braucht er erst einmal einen Schnaps, dann meint er gelassen: «Die Kinder müssen zur Schule. Ich habs euch gesagt, und jetzt gehe ich wieder.» Und nach einem zweiten Schnaps macht er sich auf den Weg zurück zur Mittelstation. Konsequenzen hat das Zwischenspiel – wie erwartet – keine.

Wenn immer möglich sind Andrea und Poppa natürlich pünktlich in der Schule. An einem Tag im April, der ihnen in Erinnerung bleiben wird, machen sich die Geschwister, begleitet von ihrem Vater, frühmorgens auf den Weg ins Tal. Sie steigen zuerst über die Leiter an der Nordostseite der Hütte hinunter zur Moräne, um den gefährlichen Lawinenhängen auszuweichen. Dann fahren sie auf den Skiern weiter und sind schon bald im Tal. Von da geht es in rasend schneller Fahrt das Rosegtal hinunter, denn zu dieser frühen Stunde ist die Schneedecke noch gefroren. Schon oft haben sie diese Abfahrt gemacht, aber diesmal ist das Tal anders: Es fehlen verschiedene vertraute Landmarken; einige der Telefonmasten sind umgekippt, markante Bäume abgeknickt. Der Lawinenwinter hat überall Spuren der Verwüstung hinterlassen; es sind zwei nachdenkliche Jugendliche, die in Pontresina den Zug besteigen.

Während sich Andrea sehr wohlfühlt, wenn er und Poppa ohne die Eltern, zusammen mit der Nane, in Samedan wohnen, vermisst Poppa ihre Mutter immer mehr. Die Nane ist äusserst nachsichtig, viel weniger streng als Irma, das gefällt Andrea, aber für Poppa, die langsam den Kinderschuhen entwächst, ist sie kein Ersatz für ihre Mama. Es gibt so vieles, das sie ihr erzählen, sie fragen möchte. Natürlich kann sie sie anrufen, und das tut sie manchmal fast täglich, aber nur selten hat die Mama Zeit für vertraute Gespräche, und Poppa fühlt sich dann allein gelassen. «Du bist gar keine richtige Mutter!

Richtige Mütter sind immer da!», wirft sie ihr einmal wütend vor. Besonders bitter ist für sie, dass es die Mütter ihrer Schulkameradinnen nicht gern sehen, wenn sie mit Poppa befreundet sind, weil diese «zu viele Freiheiten» habe und dadurch ihre Töchter auf dumme Gedanken bringen könnte. Das wäre denkbar, aber Poppa ist ein sehr braves Mädchen und zuverlässig dazu – braver und zuverlässiger als die meisten ihrer Freundinnen –, und sie nutzt ihre Freiheiten nie aus. Das Misstrauen der fremden Mütter schmerzt sie.

Irma würde ihre Kinder gerne regelmässig und häufig besuchen, aber allzu oft, wenn sie einen Besuch plant, wird ihr Vorhaben durchkreuzt, und dann ist nicht nur Poppa, sondern auch sie selbst enttäuscht. Also plant sie ihre Besuche nicht mehr im Voraus, sondern geht spontan ins Tal, sobald sich eine Gelegenheit bietet. Wenn eins der Kinder sie jedoch dringend braucht, macht sie sich noch am selben Tag oder Abend zu Fuss auf den Weg. Die zweieinhalb Stunden, die ein normaler Wanderer braucht, um von der Hütte zur Mittelstation Corvatsch zu gelangen, schafft Irma in neunzig Minuten, sie ist trainiert und fit. Ein solcher Notfall tritt ein, als Poppa, welche die zweite Klasse der Primarschule besucht, ihr weinend am Telefon erzählt, die Lehrerin sei gar nie zufrieden mit ihren Arbeiten und sie frage in den Schulstunden immer nur die anderen Kinder, auch wenn sie die Hand aufhalte. Sie wolle nicht mehr zur Schule gehen. Irma ruft sofort die Lehrerin an und bittet sie um einen Besuch und ein Gespräch. Am nächsten Tag steigt Irma ins Tal hinunter und empfängt am Abend, als Poppa bereits schläft, die Lehrerin bei sich zu Hause. Auf Irmas Frage, was denn Poppas Problem sei, antwortet die Lehrerin etwas verlegen: Nun ja, man höre so allerlei. Dass die Familie ein Zigeunerleben führe, dass die Eltern nichts arbeiteten und die Kinder sich selbst überlassen seien. In solchen Verhältnissen könne natürlich aus einem Kind nichts Rechtes werden. Irma bezähmt ihren Zorn und antwortet der Frau ruhig: «Sie sehen jetzt ja, dass das nicht der Fall ist, und ich lade Sie höflich ein, uns einmal auf der Coaz-Hütte zu besuchen, wenn es Sie interessiert, was wir arbeiten.»

Am folgenden Morgen schickt Irma Poppa mit ein paar ermutigenden Worten zur Schule und macht sich auf den Weg zurück in die Hütte. Kurz nach vier Uhr klingelt in der Hütte das Telefon. Es ist Poppa, ganz aufgeregt: «Du, Mama, stell dir vor, heute war Frau Huder so nett zu mir, und sie hat mich dreimal aufgerufen!»

Andrea, schon etwas älter, wehrt sich in einer ähnlichen Situation auch ohne elterliche Unterstützung geschickt. Eines Tages ruft ihn seine Lehrerin nach dem Unterricht zu sich und fragt ihn nach den «Verhältnissen» zu Hause. «Warum wollen Sie das wissen?», fragt Andrea zurück. «Wegen deiner Hosen», sagt die Lehrerin. «Die sind schmutzig und zerschlissen. Können dir denn deine Eltern keine anständigen Hosen kaufen?» – «Ach so, deswegen», meint Andrea. «Mir gefallen sie halt. Exakt wegen der Flicken und der Farbe dran. Deshalb ziehe ich nur die an. Aber besuchen Sie mich doch einmal zu Hause. Ich zeige Ihnen gerne meinen Kleiderschrank. Dort hängen mindestens sechs Paar perfekte Hosen.» Die Lehrerin soll dann auf die Besichtigung der perfekten Hosen verzichtet haben.

Andrea geht nicht nur in geflickten und mit Farbe verschmierten Hosen zur Schule, er schlägt im Gegensatz zu Poppa auch sonst eher einmal über die Stränge. Als Teenager nimmt er das ganze Wohnzimmer in Besitz und richtet dort sein Malstudio ein; Hefte, Bücher, Bilder, Farben, Papier, alles liegt in wildem Durcheinander auf dem Boden. Seine Kollegen gehen ganz selbstverständlich in der Wohnung ein und aus, meistens steigen sie durchs Fenster von Andreas ebenerdigem Zimmer. Musik dröhnt noch spätabends aus den Fenstern, und dass auch gekifft wird, versteht sich von selbst. Ganz im Gegensatz zu seiner Schwester ist Andrea deshalb froh, wenn Irma nicht allzu oft ins Tal kommt, denn ihre Vorstellung von Ordnung deckt sich in keiner Weise mit der seinen. Eines Tages wird Irma vor den Schulrat zitiert. Andere Eltern im Dorf haben sich beschwert über diesen inoffiziellen «Jugendtreff» bei Clavadetschers und verlangen, dass dem Treiben sofort ein Ende gesetzt werde. Ob Irma überhaupt wisse, was sich da abspiele, und ob eventuell sogar Drogen im Spiel seien? Nein, das wisse sie nicht, sie könne nicht alles wissen. Aber sie vertraue ihrem Sohn. Wie sollten Jugendliche lernen, für sich Verantwortung zu übernehmen, wenn ihre Eltern ihnen kein Vertrauen schenkten? Und im Übrigen sei sie der Meinung, die Jugendlichen seien in ihrer Wohnung besser aufgehoben als irgendwo auf der Strasse. Und damit ist die Sache für sie erledigt.

Was ihren eigenen Sohn betrifft, behält Irma mit ihrer Einschätzung durchaus recht. Wovon sie aber zu jener Zeit keine Ahnung hat und was auch im Dorf so weit als immer möglich verschwiegen und tabuisiert wird, ist die Tatsache, dass es im Oberengadin in den 1980er-Jahren tatsächlich ein Drogenproblem gibt. Die Heroinszene am Zürcher Platzspitz hat auf dem Dorfplatz von Samedan einen Ableger hervorgebracht. Die Dorfbewohner jedoch schweigen und sehen tunlichst über das hinweg, was nicht in ihr konservatives Weltbild passt und deshalb nicht sein darf. Mehrere einheimische Jugendliche sterben in der Folge an ihrem Drogenkonsum, aber der Schmerz und die Verzweiflung ihrer Eltern bleiben hinter der heilen Fassade des wunderschönen Bergdorfs verborgen.

Glücklicherweise ist weder Andrea noch seine Familie direkt von dieser Situation betroffen. Sonst müsste sich Irma bei ihren spontanen Besuchen zu Hause im Tal mit weit schwereren Problemen herumschlagen. Was sie antrifft, lässt dennoch oft zu wünschen übrig. Einmal erreichen die Unordnung und das Chaos im Wohnzimmer ein Ausmass, das ihr fast die Sprache verschlägt. Und als sie dann zu Poppa ins Zimmer tritt und auch da der Boden fast nicht zu sehen ist vor Kleidern, Socken und Jacken, dreht sie sich auf dem Absatz um und erklärt den Teenagern, sie werde erst wiederkommen, wenn aufgeräumt sei. Bei ihrem nächsten Besuch hält sich das Chaos im Wohnzimmer einigermassen in Grenzen, und Poppas Zimmer ist tipptopp aufgeräumt.

Irmas Vorstellungen von einem geordneten Familienleben und einer ordentlichen, gepflegten Wohnung lassen sich auch im Winter, wenn sie und Hitta ebenfalls in Samedan wohnen, nur bedingt durchsetzen. Auch Hitta schreibt, malt und zeichnet leidenschaftlich, und er findet das Durcheinander im Wohnzimmer kreativ und inspirierend. Irma rennt nun also gegen die Doppelfront ihrer Männer an. Hinzu kommen all die Tiere, die zur Familie gehören oder vorübergehende Gastspiele geben. Manchmal fragt sie sich, ob sie eigentlich einen Zoo beherberge. Zu Hittas Hunden und einer oder zwei Katzen gesellen sich vorübergehend immer wieder auch fremde. Wenn jemand einen Hund oder eine Katze nicht mehr gebrauchen kann, dann weiss jeder im Dorf, dass Clavadetschers tierliebend sind und dem armen Vieh bestimmt Unterschlupf gewähren werden. Poppa bringt eines Tages zwei kleine Wasserschildkröten nach Hause. Also macht sich Irma kundig, wie sie zu pflegen sind, und bald schon steht ein Riesenaquarium mit anderem Wassergetier im Wohnzimmer, damit sich die beiden nicht einsam fühlen. Dann sind es weisse Tanzmäuse, die Poppas Herz gewonnen haben, und kurz darauf kommt sie mit einem Papagei aus ihren Ferien in Frankreich zurück; nur der Salamander, den Andrea und Hitta eines Tages mitbringen, verkriecht sich irgendwo und wird trotz eifriger Suche der ganzen Familie nicht mehr gefunden. Als der Hase, den Andrea und Poppa während des Hüttensommers adoptiert haben, in der Wohnung in Samedan die Blumentöpfe ausräumt und die elektrischen Kabel durchbeisst, brennt bei Irma die Sicherung durch: «Jetzt reichts mir, jetzt gehe ich! Definitiv!»

Aber Irma liebt ihre Familie, und sie liebt Tiere … Und wenn sie ganz ehrlich ist mit sich, weiss sie, dass ihr dieses ungeordnete, ungezügelte, vielfältige und farbige Leben voller Überraschungen eigentlich gefällt.

Die Welt zu Besuch in der Hütte

Wer glaubt, Menschen, die einen beachtlichen Teil des Jahres auf einer Höhe von 2610 Metern in einer Berghütte verbringen, lebten dort als «Naturkinder» gewissermassen am Ende der Welt, völlig abgeschieden von äusseren Einflüssen, täuscht sich. Auch wer denkt, dass Kinder, die zu einem grossen Teil in einer solchen Hütte aufwachsen, zu wenig intellektuelle Impulse bekämen, irrt sich, denn sie ist ein Zentrum, in dem man Sprachen aus aller Welt hört, in dem Menschen, die sich auf verschiedensten Gebieten betätigen, zusammentreffen: Intellektuelle, Künstler, Ärzte, Wissenschaftler, Schriftsteller und auch das gesamte Bildungsbürgertum. Die Bergführer, die diese Menschen auf ihren Erkundungstouren in die Berge begleiten und dabei für sie verantwortlich sind, haben Status und Prestige. Sie brauchen gar nicht in die Welt zu gehen: Die Welt kommt zu ihnen.

So kommt eine Zeit lang jedes Jahr ein hoher katholischer Würdenträger aus dem Vatikan mit einer langen Reihe von Doktortiteln für einige Tage zur Erholung in die Hütte; ein beleibter Herr, dessen bergsteigerischer Ehrgeiz ihn in den ersten Jahren seiner Besuche immerhin den Hausberg der Coaz-Hütte, den Chapütschin, erklimmen lässt. Mit zunehmender Beleibtheit beschränkt er sich dann aber auf kleinere Spaziergänge zur Erkundung der Naturschönheiten in der Nähe der Hütte. Am liebsten lässt er sich dabei von Claudia, Irmas langjähriger Hüttenhilfe aus Bayern, begleiten. Als sich Claudia in einen Bergsteiger und Bauern aus Embd im Walliser Mattertal verliebt, wo es – wie Irma sagt – «so steil ist, dass sogar die Hühner Steigeisen tragen», und sie dort Hochzeit halten will, lässt er es sich nicht nehmen, die beiden in ihrem kleinen Dorf hoch oben im Tal höchstpersönlich zu trauen. Für die Einheimischen ist es eine Sensation, wenn nicht schon fast ein Skandal, dass einer der ihren eine

Fremde, eine Ausländerin, heiratet. Glücklicherweise ist sie wenigstens katholisch. Die Aufregung wandelt sich augenblicklich in Ehrfurcht, als der hohe Geistliche aus Rom anreist, und wieder zurück in Empörung, als der hohe Herr aus Rom nach der Trauung mit den Neuvermählten vor die kleine Dorfkirche tritt und die Braut herzlich umarmt und auf beide Wangen küsst. Das kleine Dorf hat damit ausreichend Gesprächsstoff für die nächsten fünf Jahre.

Dem zwölfjährigen Andrea bringt eine Besucherin aus New York die Welt in die Hütte. Er steckt gerade in einer Phase, in der er gierig alles verschlingt, was ihm an Lesestoff über die Indianer in Nordamerika in die Hände kommt. Am liebsten möchte er selbst ein Indianer sein. Er bastelt sich Federschmuck, er schläft draussen unter freiem Himmel, er härtet sich nach Art der Indianer ab und versucht, nach ihrem Vorbild Gebrauchsgegenstände und Waffen herzustellen. Die New Yorkerin bemerkt die Faszination des Jungen, und als sie im folgenden Sommer wieder ins Engadin und zur Hütte kommt, bringt sie ihm ein Geschenk mit, das ihn fast überwältigt. Es ist das Buch «The North American Indian» des berühmten Fotografen Edward Curtis, der in seinen Fotos die Sitten und Gebräuche der nordamerikanischen Indianer porträtierte. Das Buch mit seinen starken Bildern ist an sich schon etwas Grossartiges für Andrea, aber dass es nicht in irgendeiner Buchhandlung in Zürich gekauft wurde, sondern gewissermassen direkt aus dem Land der Indianer zu ihm kommt, macht es zu einem einmalig kostbaren Geschenk. Wenn er es in den Händen hält, meint er, das Getrampel der Büffelherden in der Prärie zu hören und den würzigen Rauch der Friedenspfeife zu riechen.

Ebenso eindrücklich und sogar prägend ist für Andrea zwei Jahre später die Begegnung mit einem anderen Hüttengast aus der weiten Welt. Ein Freund seines Vaters, der Schweizer Galerist Bruno Bischofberger, der in seiner Zürcher Galerie amerikanische Pop-Art-Künstler wie Andy Warhol ausstellt, beschliesst bei einem seiner Besuche bei Hitta auf der Hütte, er müsse unbedingt Künstlerfreunde hierherschicken; diese Umgebung sei so schön und inspirierend. Kurz darauf trifft Francesco Clemente, ein bedeutender italienisch-US-amerikanischer Künstler, in der Hütte ein und bleibt gleich für zwei Wochen. Er malt den ganzen Tag, trinkt ab und zu ein Schnäpschen mit Hitta, plaudert mit ihm und ermutigt Andrea, der neben ihm sitzt und zeichnet, fleissig weiterzuüben. Als Clemente abgereist ist, geht der 14-jährige Andrea zu Hitta und erklärt: «Papa, ich werde doch nicht Bergführer, ich werde Künstler.»

Und so geschieht es. Andrea besteht 1982 die Aufnahmeprüfung an die Kunstgewerbeschule und zieht im Alter von 18 Jahren weg vom Engadin nach Zürich. Zu dieser Zeit hat die Hütte für ihn etwas von ihrem Zauber verloren. Zu viele Menschen sind es inzwischen, die in den Bergen das Abenteuer suchen; der Alpinsport im Sommer und die Skitouren im Frühling sind zum Trendsport geworden, und Andrea mag dieses Treiben nicht. Jeder Stein, jeder Fels, jeder Gipfel um die Coaz-Hütte ist für ihn etwas Besonderes, dem man sich nur mit dem entsprechenden Respekt, mit Liebe und Ehrfurcht, nähern sollte, und davon spüren die meisten dieser neuen Bergsportler nichts. Also bleibt Andrea lieber weg.

Poppa hingegen kehrt noch viele Jahre – auch nach einem Sprachaufenthalt in England – sehr gerne in die Hütte zurück, vor allem im Frühling. Sie packt überall mit an und hilft, wo sie kann. Sie pflegt Kontakte mit internationalen Gästen, die ihr noch Jahre später immer wieder Kartengrüsse schreiben, und feiert mit Freunden und Familie manch denkwürdiges Fest in der Hütte. Die jungen Bergführer oder Bergsteiger bringen auf irgendeine Weise immer in Erfahrung, wann eine Chance besteht, Poppa in der Hütte anzutreffen und sich der Weg dorthin doppelt lohnt!

Auch Poppa spielte lange mit der Idee, eines Tages Bergführerin zu werden, aber sie folgt ihrem Vater schliesslich auf eine andere Art: Sie beginnt, auf dem Gestüt einer Schweizer Familie in England Rennpferde zu trainieren, und führt dann in Samedan viele Jahre einen Reitbetrieb. Später arbeitet sie im Winter mit viel Engagement und Freude als Skilehrerin. Und mindestens ein Hund gehört immer in ihr Leben.

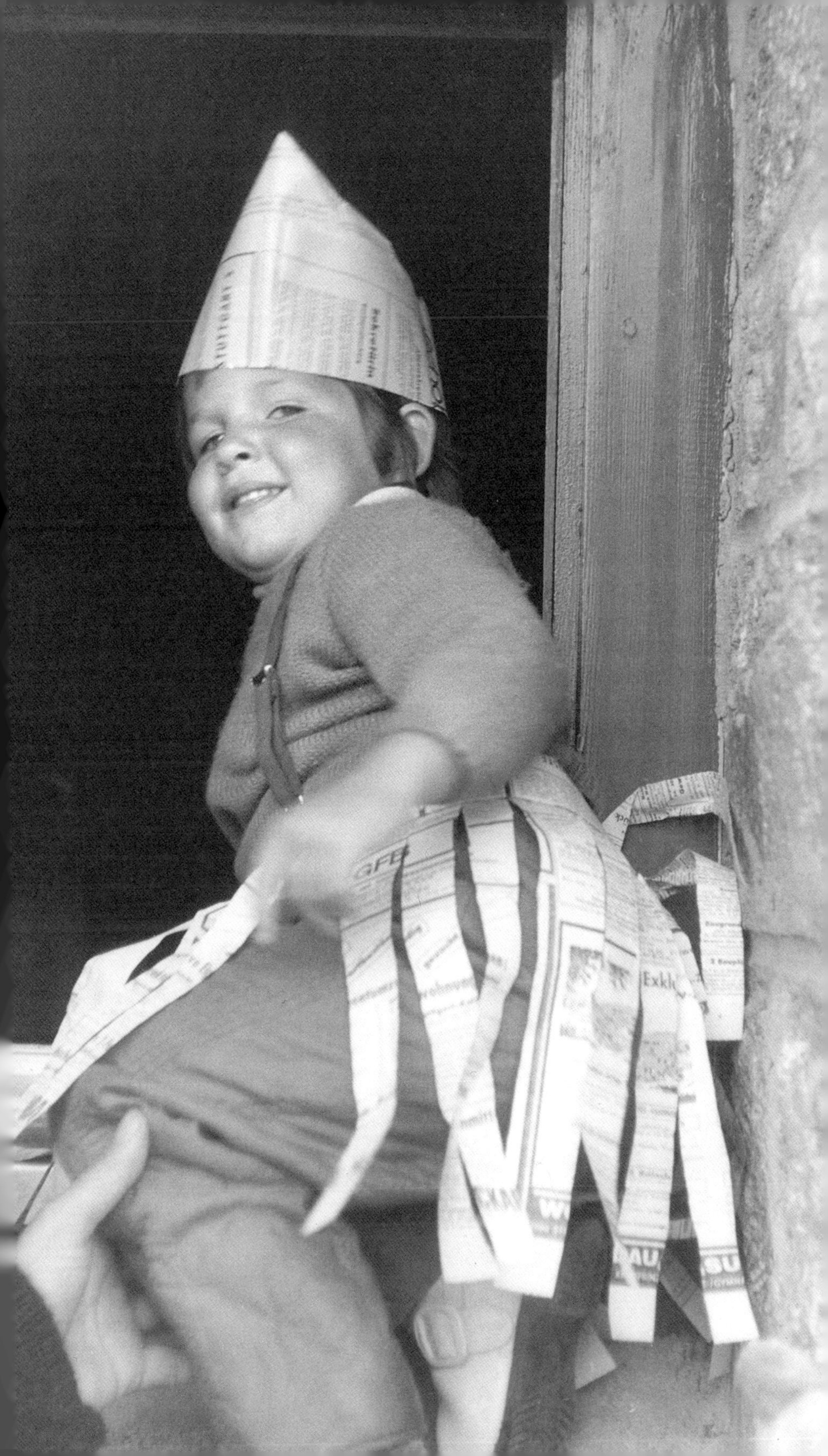

Die kleine Poppa 1972 beim Spielen auf der Coaz-Hütte und Andrea in der Wohnung im Dorf. Christine als 17-jährige Jugendliche auf der Terrasse mit Blick in die Bergwelt.

Abschiede

«Ich hätte noch jahrelang weiterarbeiten mögen! Ein Leben ohne die Hütte – unvorstellbar.»

Geselligkeit, Feste und Loslassen

Irma und Hitta sind nun wieder zu zweit. Die grosse Wohnung in Samedan ist stets ordentlich und aufgeräumt. In den Wintermonaten fliessen die Tage ruhig dahin. Beide gehen ihrer Arbeit nach, Hitta leitet nach wie vor die Skischule Samedan, und Irma hilft als Skilehrerin aus, wenn sie gebraucht wird. Hitta macht die Einkäufe und kocht, Irma erledigt den Rest der Hausarbeit. Am Abend geniesst Hitta die Ruhe. Er liest, malt oder schreibt und geht meist früh zu Bett, während Irma näht, flickt oder strickt und Schriftliches erledigt. Manchmal sieht sie fern. Die ruhigen Winter tun gut.

In den Monaten auf der Hütte herrscht mehr Betrieb denn je, und es mangelt nicht an Herausforderungen und Kontakten. Neben zahlreichen Touristen kommen nach wie vor befreundete Bergführer und ab und zu auch andere Einheimische – einige davon sind gute Freunde geworden. Dann gibt es die vielen Stammgäste aus dem In- und Ausland, und nachdem Hittas und Irmas Eltern alt geworden und gestorben sind, besuchen immer noch ihre Geschwister und zum Teil deren Kinder die Hütte. In den letzten Hüttenjahren sind auch Irmas und Hittas zwei Enkelkinder, Andreas' Söhne, regelmässig zu Gast.

Alle Gäste empfinden den Aufenthalt in der Hütte als eine Ausnahmesituation. Spätestens wenn sie ihre Bergschuhe und Daunenjacken ausgezogen haben, lassen sie ihren Alltag hinter sich, entspannen sich, und manch einer wagt, sich hier von einer ganz anderen Seite zu zeigen, überwindet seine Schüchternheit oder übliche Zurückhaltung und fügt sich in die Runde der übrigen Gäste ein. So entsteht gelegentlich ohne grosse Planung oder Anstrengung fast von selbst ein Fest. Einer bringt eine Handharmonika oder eine Gitarre mit, ein anderer beginnt zu singen. Jemand stimmt mit ein, und jemandem fährt die Musik in die Beine. Und plötzlich singen und tanzen alle ausgelassen. Irmas Küche gibt immer einen Leckerbissen her, und Wein, um alles reichlich zu begiessen, ist auch stets vorhanden. Ob spontane, Familien-, Geburtstags-, Vereins- oder Jubiläumsfeiern: Die Feste auf der Coaz-Hütte sind legendär.

Für Irma finden die schönsten Feste im Herbst statt, während der Hochjagd im September. Da sind die Tage manchmal noch wunderbar mild und die Nächte kalt und sternenklar. Gäste kommen nur noch wenige. Dafür kommen die Jäger mitsamt den Trägern, die das erlegte Wild ins Tal tragen. Meistens bleiben sie gleich für zwei Wochen, alles alte Bekannte und zum Teil liebe Freunde aus dem Engadin. Einige von ihnen sind Hoteliers im Tal und Gourmets mit entsprechenden Ansprüchen und Vorstellungen betreffend Küche und Wein. Wenn die Männer von der Jagd zurückkehren, nehmen sie die Küche in Beschlag, schnetzeln, brutzeln und kochen die herrlichsten Menüs. Auch die Gäste, die sich noch in der Hütte aufhalten, sind herzlich willkommen. Am Abend wird dann geschlemmt, getrunken und geraucht, was das Zeug hält. Der Qualm ist oft so dick, dass man die Luft mit einem Messer schneiden könnte. Es wird gewitzelt, gespottet und gelacht, und es werden Geschichten erzählt, bis tief in die Nacht. Kaum ist eine Geschichte zu Ende, weiss ein anderer sogleich eine neue, noch dramatischere, unheimlichere und auch unwahrscheinlichere als die vorangehende. Aber niemand stört sich daran, der Wein und das köstliche Essen stimmen milde und gläubig. Selbst das wildeste Jägerlatein findet begeisterte Zustimmung.

Irma ist oft die einzige Frau bei diesen Festen, aber sie fühlt sich wohl in der Gesellschaft der Jäger. Nach den vielen Jahren als Hüttenwartin wird sie von den Männern hochgeschätzt und gehört fraglos dazu, wenn sie ihre Jagderfolge feiern.

Die Jahre vergehen. Schon neigt sich das Jahrhundert dem Ende zu. Seit fast vierzig Jahren bewirtschaften Hitta und Irma nun die

Hütte. Irma liebt ihre Arbeit wie eh und je, und es ist ihr nichts zu viel; sie organisiert, plant, leitet die Angestellten an, putzt, kocht, schimpft, wenn nötig, und betreut die Gäste; noch nie ist ihr ein Gedanke an Arbeitsentlastung oder gar Ruhestand gekommen. Aber es kommt der Tag, an dem sie nicht länger darüber hinwegsehen kann, dass Hitta sich verändert hat. Oft fühlt er sich nicht wohl, er ist müde, zerstreut und vergesslich, und schliesslich spricht er aus, wovor sie sich seit einiger Zeit fürchtet: Er möchte die Hütte abgeben. Für Irma ist das ein Schlag. Alles in ihr wehrt sich dagegen. Aufhören? Jetzt? Mit ihren sechzig Jahren fühlt sie sich längstens stark und jung genug, um noch lange weiterzufahren. Von allen Seiten bekommt sie für ihre Arbeit Anerkennung, mehr denn je. Ein Leben ohne die Hütte – unvorstellbar. Fieberhaft sucht sie nach Lösungen. Wenn Hitta nicht mehr will, macht sie eben alleine weiter. Er kann ja ab und zu hochkommen, wenn er mag, und sie wird ihn, wann immer möglich, im Tal besuchen.

Aber Hitta wehrt sich gegen solche Pläne, er will nicht, dass Irma die Hütte allein weiterführt. Es gelingt ihr nicht, herauszufinden, warum. Will er ihr jahrzehntelanges, gemeinsames Projekt «Hütte» nicht aus den Händen geben? Befürchtet er, sie würde die Arbeit allein nicht bewältigen können? Oder befürchtet er vielmehr, dass er allein in Samedan nicht zurechtkommen würde? Ein Leben lang hat sich Irma auf Hitta verlassen, auf seine Kraft, seine Zuversicht. Miteinander, als ebenbürtige Partner, haben sie alle Schwierigkeiten gemeistert. Ist jetzt die Zeit gekommen, in der Hitta Irma braucht, ihren Halt, ihre Kraft? – In einem Brief an seine Braut viele Jahre zuvor, im August 1962, schrieb er: «Ich möchte eine Kameradin, eine Freundin, die zu mir hält, im Guten wie im Bösen. Kann man es nicht vergleichen mit einem Seilgefährten? Was nützt es, wenn er nicht zu mir hält, wenn er mich nicht sichert am Seil, wenn er mich nicht hält in der Gefahr. Nicht nur, wenn die Sonne scheint, nicht nur bei schönem Wetter soll er zu mir halten, nein, auch bei Sturm, Gewitter, bei Gefahr. Dazu braucht es Mut, braucht es Vertrauen, braucht es Glaube. [...] Ich will Opfer bringen, ich will mich in Gefahr begeben für Dich, doch muss ich ganz sicher sein, dass Du mich hältst, wenn ich stürze. Zweisamkeit macht nur Sinn, wenn man dadurch stärker, grösser wird, sonst gehe man lieber allein, bleibe besser einsam.»

So geschieht es, dass im Juli 2000 Irmas letzter Hüttensommer beginnt, und es ist bereits ein Sommer ohne Hitta. Er erträgt die Unruhe, die täglich neuen Herausforderungen, den ganzen Betrieb nicht mehr, er bleibt lieber im Tal. Seinen Arbeitsvertrag mit dem SAC löst er auf, und ein neuer Hüttenwart wird gesucht. Ende der Sommersaison räumt Irma alle persönlichen Gegenstände aus der Hütte; die Möbel und Gebrauchsgegenstände, die sie und Hitta in eigener Initiative angeschafft haben, werden verkauft, zum Teil an den neuen Hüttenwart. Dieser tritt im Frühling 2001 seine Arbeit an. Die Übergabe der Hütte ist ein bitterer Moment für Irma. Das Leben im Tal, sonst jeweils eine willkommene Zeit der Ruhe und Entspannung nach einer aufreibenden Saison, erscheint ihr als Dauerzustand wenig verlockend, aber inzwischen ist deutlich geworden, dass sich Hittas Gesundheitszustand langsam, aber stetig verschlechtert. Er ist nicht mehr derselbe, weder körperlich noch geistig. Sie wird jetzt zu Hause, im Tal, gebraucht.

Ein Jahr später, im Herbst, als die Jagdsaison ihrem Ende entgegengeht, steigt Irma zum ersten Mal nach ihrem Abschied wieder zur Hütte empor. Die Jäger haben sie zu ihrem traditionellen gemeinsamen Fest eingeladen, das diesmal in der Sattelkammer gefeiert wird. Es bleibt Irma also erspart, Gast in ihrer Hütte zu sein, die nun ja nicht mehr die ihre ist. Das wäre noch kaum zu ertragen.

Es ist ein grandioser, milder Herbstnachmittag, als sie von der Fuorcla Surlej zur Hütte geht. Am tiefblauen Himmel kreisen ein paar Bergdohlen, im Tal sieht sie die dunkelgrünen Arven zwischen den Lärchen, die bereits ihr goldenes Herbstkleid tragen. Die Gräser zu beiden Seiten des Weges sind trocken, auch sie blassgolden. Das Licht hat in dieser Jahreszeit eine ganz besondere Leuchtkraft und Transparenz, die zu sagen scheinen: «Schau! Schau gut hin! So siehst du es für lange, lange Zeit nicht wieder!» In der Distanz taucht die Hütte auf, Irma bleibt stehen und nimmt einen tiefen Atemzug; der strahlende Sommertag, als sie vor vierzig Jahren mit ihrem Bruder zum ersten Mal diesen Weg ging, drängt sich in ihre Erinnerung. Wie überwältigt war sie damals von der Schönheit dieser Landschaft. Heute zeigt sie sich von einer anderen Seite; in ihrem goldenen Herbstglanz leuchtet eine Ahnung der Vergänglichkeit auf. Kann es sein, dass sie schöner ist denn je?

So, jetzt aber weiter! Irma fasst sich und geht schnellen Schrittes bis zur Hütte, geht daran vorbei zur Sattelkammer, wo sie von einigen Jägern bereits erwartet und herzlich begrüsst wird. Ein herrlicher Duft nach gebratenem Fleisch dringt aus der kleinen Hütte, und schon drückt ihr jemand ein Glas Wein in die Hand: «Viva!»

Nachwort

Es ist der 9. November 2009, ein bedeckter, kalter Tag. Ein Wagen, gezogen von einem glänzenden, braunen Pferd rollt langsam über das Kopfsteinpflaster der Gassen von Samedan hügelwärts zur alten Kirche St. Peter, die seit 900 Jahren über das Dorf und das Tal wacht. Eine Gruppe schweigender Menschen geht hinter dem Wagen her. Sie alle wollen Christian Clavadetscher die letzte Ehre erweisen und seine Frau Irma, den Sohn Andrea und die Tochter Christine in dieser traurigen Stunde begleiten. Im Halbrund der hohen Stützmauer aus grauen Granitblöcken, welche die Kirche umgibt, warten weitere Menschen auf die Ankunft des Wagens. Die Bergführer in den Uniformen der Bündner Bergführer und die Jägerfreunde stehen in einem Halbkreis um das Gemeinschaftsgrab, in dessen Zentrum eine hohe, lodernde Flamme aus Stein steht. Der Pfarrer spricht einige wenige, schlichte Worte, und während die Urne in die Erde gelassen wird, stimmen die Männer leise an:

La su per le montagne,
fra boschi e valli d'or,
tra le aspre rupi echeggia
un cantico d'amor.

Dort oben in den Bergen
mitten in Wäldern und Tälern aus Gold
in den schroffen Felsklippen klingt ein Echo
ein Lied der Liebe

Genau so hatte Hitta es sich gewünscht.

Es war keine einfache Zeit, die Jahre nach der Hütte. Nicht für Hitta, der zeitlebens überzeugt gewesen war, dass dem Menschen, einem Halbgott ähnlich, ungeahnte Möglichkeiten und Kräfte gegeben seien, und der nun den eigenen körperlichen und geistigen Zerfall erleben und ertragen musste; und auch nicht für Irma, die abrupt ihr prallvolles Leben in der Hütte hinter sich lassen und sich langsam, Schritt für Schritt, von ihrem geliebten Hitta verabschieden musste. Dieses letzte gemeinsame Wegstück war hart, aber wie Hitta es sich in seinem Brief einst gewünscht hatte, war seine Seilgefährtin da und hielt und sicherte ihn. Irma lernte in diesen Jahren Geduld und entwickelte all die Kräfte, die nötig waren, um Hitta bis zu seinem letzten Atemzug begleiten zu können. Von ganzem Herzen hofft sie, dass sich die Vision, die er von seinem eigenen Lebensende hatte, erfüllt hat. «Eines Tages», pflegte er zu sagen, «werde ich auf einem rosa Wölkchen nach Timbuktu reiten.»

Irma ist nun achtzig Jahre alt, gesund und immer noch voller Leben. Sie lebt in ihrer sonnigen, geräumigen Wohnung mit Blick auf den eleganten, barocken Kirchturm von Samedan und die dahinterliegenden Berge, in einer Wohnung voller Erinnerungen an Hitta und die Kinder. Hittas grosse, reichhaltige Bibliothek, seine Fotografien und die Bilder, die er gemalt hat, erzählen von seinem lebhaften, freien Geist; kühne, grossflächige Malerei ist die Spur, die Sohn Andrea hinterlassen hat, und eine feuchte Nase und ein buschiger Schwanz unter dem Esstisch gehören zu einem der beiden grossen Schäferhunde von Tochter Christine, die etwas weiter unten im Dorf lebt. Da und dort stehen gerahmte Fotos aus früheren Zeiten, der beiden erwachsenen Enkelsöhne und des kleinen Ilja, des jüngsten Enkels. Irma ist inzwischen ganz und gar heimisch in Samedan. Auch wenn die Färbung ihres Dialekts immer noch verrät, dass sie einmal ein Kind vom Zürichsee war, fühlt sie sich akzeptiert und zugehörig und möchte an keinem anderen Ort der Welt leben. Einmal im Jahr, jeweils im Herbst, feiert sie mit den Jägern in der Sattelkammer den Abschluss der Hochjagd. «Ich bin glücklich», sagt sie. «Ich brauche nichts Grossartiges mehr zu erleben, nirgends mehr hin zu reisen, ich habe alles gehabt, was ich wollte.»

Und jedes Mal, wenn sie hinunter ins Dorf geht, bleibt sie an der Strassenbiegung kurz stehen, blickt zu St. Peter hinauf, wo sie hinter der Stützmauer gerade noch die Spitze der steinernen Flamme erkennen kann, und manchmal schimpft sie dann mit Hitta, weil er sie allein gelassen hat, und manchmal schickt sie ihm einen lieben Gruss.

Autorin

Irene Wirthlin studierte Anglistik und Germanistik an der Universität Zürich und bildete sich in Individualpsychologie weiter. Nach diversen Auslandaufenthalten war sie als Gymnasiallehrerin an einer Zürcher Mittelschule tätig und gibt Sprach- und Literaturkurse für Erwachsene.

Dank der Autorin

Mein Dank gilt vor allem Irma Clavadetscher, die mir ihr Vertrauen schenkte, ihrem Sohn Andrea und ihrer Tochter Christine, die mich immer wieder freundlich und grosszügig im Engadin aufnahmen und mir Einblick in ihr Familienleben gewährten.
Ich danke auch meinem Mann, Paul Meyer, für sein grosses, geduldiges Ohr, das ich mit tausend Überlegungen füllte, und meinem langjährigen Kollegen und Freund Jürg Honegger für seine ermutigende erste Leserreaktion.

Der Verlag Hier und Jetzt wird vom Bundesamt für Kultur mit einem Strukturbeitrag für die Jahre 2021–2024 unterstützt.

Mit weiteren Beiträgen haben das Buchprojekt unterstützt:
Kulturförderung Graubünden
Kulturförderung Region Maloja
Gemeinde Pontresina
Gemeinde Samedan
Stiftung Biblioteca Engiadinaisa
Fondazione Dr. Martin Othmar Winterhalter
Willi Muntwyler-Stiftung

Dieses Buch ist nach den aktuellen Rechtschreibregeln verfasst. Quellenzitate werden jedoch in originaler Schreibweise wiedergegeben. Hinzufügungen sind in [eckigen Klammern] eingeschlossen, Auslassungen mit [...] gekennzeichnet.

Alle Bilder stammen aus dem Privatarchiv der Familie Clavadetscher.

Umschlagbild: Irma Clavadetscher mit ihrem Sohn Andrea im Sommer 1965 vor der neuen Coaz-Hütte.

Lektorat: Rachel Camina, Hier und Jetzt

Gestaltung und Satz: Simone Farner, Zürich

Bildbearbeitung: Benjamin Roffler, Hier und Jetzt

Druck und Bindung: Eberl & Kœsel GmbH & Co. KG, Altusried-Krugzell

3. Auflage

www.hierundjetzt.ch
ISBN Druckausgabe 978-3-03919-524-4
ISBN E-Book 978-3-03919-973-0